VOYEUR

Mémoires indiscrets du roi des paparazzi

PASCAL ROSTAIN

VOYEUR

Mémoires indiscrets
du roi des paparazzi

Préface d'Olivier de Kersauson

BERNARD GRASSET
PARIS

Photo de couverture : © Pascal Rostain

ISBN : 978-2-246-80616-5

Pour mes deux chipies Louise et Léa, Jean-Paul et Alexandre, ils savent pourquoi ma Juju d'amour, mon pote Bruno, pour toutes ces stars, présidents, premières dames et bien d'autres encore à qui j'ai oublié de demander l'autorisation de les photographier et évidemment pour Agnès qui ne sait pas encore…

« Quand on exerce un métier de voyou, il faut le pratiquer comme un sport de gentleman. »

John LE CARRÉ

« Le droit de dire et d'imprimer ce que nous pensons est le droit de tout homme libre, dont on ne saurait le priver sans exercer la tyrannie la plus odieuse. »

VOLTAIRE, *Questions sur les miracles*, 1765

« La censure, quelle qu'elle soit, me paraît une monstruosité, une chose pire que l'homicide ; l'attentat contre la pensée est un crime de lèse-âme. »

FLAUBERT, *Correspondance*, 1852

Préface

Ce que j'aime chez cet homme c'est cet extraordinaire regard, cette capacité de tout voir autour de lui, regarder avec enthousiasme, ne rien laisser échapper. Son métier, c'est de rester caché. Caché pour surprendre. Caché pour photographier. Dieu sait s'il en a usé et abusé durant toute sa carrière époustouflante. Il s'est promené non pas à travers le monde, mais à travers les gens. Toujours prêt à saisir les images qu'ils n'étaient pas obligatoirement prêts à donner. C'est le métier de paparazzo qui l'exige. Mais chez Bicail – c'est le nom qu'on lui donne en Bretagne –, il y a toujours une certaine forme de morale. Il est, comme on le dit des rugbymen, un gentleman qui pratique un sport de voyou. Ce n'est pas parce que l'image est volée qu'elle sera automatiquement vendue. Je sais que ses placards regorgent de clichés non diffusés qui auraient pu faire sa fortune et attisent la convoitise des grands patrons de presse. Il a décidé de les garder pour lui parce qu'il exerce le métier de photographe non pas pour humilier les gens, mais pour divulguer ce que les autres ne veulent pas voir. Il a conscience qu'en face de lui, se trouvent des personnes qui ignorent qu'elles sont photographiées. Elles s'abandonnent à leurs rêveries et oublient leur méfiance. C'est en cela qu'il est formidable.

Je l'ai côtoyé des lagons de Fakarava aux cailloux de l'île de Sein, des bistrots parisiens aux palais vénitiens. Il m'a toujours étonné, tout le temps amusé, souvent surpris et en fait beaucoup touché. Car j'aime les gentils. Et outre sa malice, son humour impitoyable et son incroyable audace, ce gars a une vraie gentillesse. Voilà sa principale qualité. C'est un excellent compagnon. Avec lui, on ne s'ennuie jamais. Il n'a qu'une idée en tête : faire des heures passées ensemble des moments délicieux.

Aujourd'hui il me demande de préfacer son livre, cela me fait rire. Je préface donc le livre de mon plus jeune ami d'enfance. On s'est connu il y a seulement dix ans, mais j'ai avec lui le même rapport privilégié qu'avec ceux que je connais depuis toujours. En fait, je dois le connaître depuis toujours. Il m'a photographié cent fois sans que je m'en rende compte, toujours avec amitié, jamais avec complaisance, toujours avec gentillesse et élégance. Chaque fois, cela a été un moment drôle. Je suis fier de me retrouver au milieu de tous ceux qu'il a photographiés. Je l'embrasse et lui souhaite bonne chance.

Olivier DE KERSAUSON

INTRODUCTION

Si je comptais combien de journées en dix ans ce travail fut rentable, j'en conclurais que près de neuf ans et neuf mois il eût mieux valu que je parte bronzer sous les palmiers. Paparazzo, c'est un boulot où tu passes des semaines dans une bagnole qui pue le gras de jambon et le camembert, à attendre devant une porte cochère, en vidant des bouteilles de Vittel et des Thermos de café, grillant des clopes et trop de cigares sous les regards suspicieux des riverains. Un paparazzo en planque est plus suspect qu'un terroriste tchétchène déambulant avec son sac à dos dans la gare centrale de New York ou qu'une bande de Roms jouant à l'épervier place Beauvau. La déception est le quotidien de notre métier de chasseur. Nous traquons, guettons, encerclons, piégeons, enfumons. Avec des jets, des yachts, des hélicos, des palmes, des pédalos, des Harley, des mobylettes, des tongs, des santiags, des barques ou des sampans. Rarement, nous déclenchons. Merveilles alors que ces parcelles de vie dérisoires et futiles, que ces instants magnifiques et baroques capturés grâce à notre téléobjectif.

Notre boulot consiste à jouer banco et à ne jamais se coucher. C'est une question de principe. On n'abandonne pas en cours de partie. Il y a une morale des paparazzi comme une morale du « milieu ». Tous les coups sont permis pourvu qu'ils soient bien joués. Notre boulot est un jeu de hasard et un jeu de société. Un jeu de cartes de visite et de visites à l'improviste. Pour empocher la mise, c'est au casino qu'il faut jouer. À la grande table. Et pas au flipper du café d'en face. De ce métier foldingue, je vais essayer de tout te dire, Saucisson (oui j'appelle tout le monde « Saucisson », faut que tu t'y habitues), tout te balancer et même me balancer !

Tu vas rire mais figure-toi que j'ai fait des études. Une école de commerce, puis mon service militaire dans un régiment de parachutistes. À l'époque, quand tu cherchais du travail, on t'en proposait. Chez Havas, le chef du personnel m'offre de partir au Brésil implanter une filiale publicitaire. Contrat conclu, seulement il me faut attendre six mois. Je m'ennuie. Ma mère est une merveilleuse photographe amateur, je lui pique son Nikon et décide de partir jouer au reporter de guerre en couvrant la guerre civile qui ravage le Tchad. Je propose mes services à deux magazines ; l'un me paie des péloches, l'autre le billet d'avion. 1978, j'arrive à N'Djamena. Les photographes rigolent en voyant débarquer ce casse-cou morveux. Ils deviendront mes copains quand l'ambassadeur de France s'inquiétera de savoir si je suis bien le neveu de l'ambassadeur Claude Rostain. Oui, monsieur. Tous les soirs, l'Excellence me fera porter deux bouteilles de Dom Pérignon bien fraîches que je partage dans la canicule tchadienne avec ces envoyés spéciaux. Giscard décide d'abandonner le Tchad et de rapatrier ses troupes de l'autre côté du fleuve Chari au Cameroun. J'embauche un gamin, qui, la hache à la main, me conduit en pirogue dans N'Djamena assiégée. Je rapporterai de ces trois jours et trois nuits de folie sanguinaire mon premier reportage.

De retour à Paris, *Match* le publie. Roger Thérond, son patron, me reçoit. Un grand pro,

Thérond. Taiseux, froid, distant, le seul homme face auquel toute ma vie je demeurerai muet. Il m'offre d'intégrer sa rédaction. Adieu Havas et la réclame. Je lui dis vouloir partir au Liban, car je me pique de connaître la guerre, le sable et les rafales de mitraillette. J'ai tellement lu Joseph Conrad que je me prends pour Lord Jim. Thérond m'envoie « planquer » Caroline de Monaco. « C'est quoi planquer ? » lui dis-je. Il m'explique que cela signifie se mettre en bas de chez elle, y patienter des plombes, la suivre lorsqu'elle sort et se cacher pour la photographier. Je lui réponds que « ce truc est idiot, pourquoi ne lui demande-t-on pas poliment de se laisser prendre en photo ? » Thérond a déjà quitté la pièce.

C'est parti. Je vis les meilleures années du reportage photo dans un « picture magazine », qui vend un million d'exemplaires chaque semaine. La salle des photographes est mythique, parce que Brigitte Bardot y dormait, sa jolie carcasse allongée sur trois chaises, en y attendant que Roger Vadim ait fini son boulot. Nous roulons en cabriolet, nous couchons avec les plus beaux mannequins du monde, nous dormons dans des palaces, nous flambons, nous frimons, nous claquons, nous brillons, nous dépensons sans penser. Ça me plaît bien. Essayer d'approcher les putes, les flics, les camés, les actrices, les truands, les chanteurs, les princesses, les vedettes et les travelos. « Si tu ne peux rentrer par la porte, entre par la fenêtre », disait Pierre Lazareff, fondateur du mythique *France-Soir*, inventeur de l'émission télévisée « Cinq colonnes à la Une » et saint patron des journalistes. Je m'applique à lui obéir.

J'ai réussi quelques coups fumeux que je vais te raconter ici. Mais il faut que je te prévienne que mon récit est une conversation, une épopée foutraque. Je n'ai pas de montre et n'en ai jamais eu. Je n'ai pas d'agenda et n'en voudrai jamais. La chronologie, le respect des dates et l'ordre des choses sont des contraintes dont je me suis à jamais affranchi, car je leur préfère l'émotion et le pittoresque. Attends-toi à ce que, dans ces lignes, l'histoire soit chamboulée, le générique des présidents chahuté et les événements narrés selon mon bon plaisir.

Je te dirai aussi les coups que je n'ai pas faits, ceux que j'ai ratés, ceux auxquels je n'ai pas pensé. Le 14 septembre 2012, Yves Calvi m'invite à venir discuter dans le poste à RTL. Ce matin-là, *Closer* publie une photographie présentant Kate Middleton, princesse de Cambridge, les seins nus sur sa terrasse. « Jaloux ? » m'interroge Calvi. Tombe une dépêche de l'Agence France-Presse qui nous apprend que le palais de Buckingham menace de mandater un expert pour vérifier l'authenticité de la photo. Vous saviez, vous, qu'il y avait chez la Queen un expert en nichons princiers ? Coquin de sort.

CHAPITRE PREMIER

Les péripéties d'un enfant de Morgat

Brève histoire d'un gamin qui attendit cinq ans avant de prononcer une parole. Puis fit flotter un curé dormant, évader un internat, grincer l'orgue de la chapelle. Incurable voyou qui deviendra photographe. Commode métier pour un farceur mutique.

Je ne suis pas un écrivain mais j'adore raconter les histoires. Surtout celles que ce métier incroyable m'a offertes, parce que en revanche, j'aime moins raconter des trucs perso. Avec Bruno Mouron, mon pote, mon complice, mon associé, nous avons publié trois fois nos Mémoires de paparazzi, dont une, l'année dernière, en bandes dessinées. Seulement, pour parvenir à les coucher sur du papier, nos récits ont été ripolinés par des écrivains fantômes, ces auteurs qui en aident d'autres. Cette fois-ci, personne ne viendra taper sur un clavier d'ordinateur à ma place. Toutefois, comme je ne pense pas être doté d'un style littéraire admirable, ce défi implique que je raconte plus que je n'écrive cette vie déjantée, délirante, tellement folle qu'elle pourrait passer pour une fiction.

Je n'ai pas prononcé un seul mot avant l'âge de cinq ans. Ma maman m'a toujours expliqué que, très inquiète de mon mutisme total, elle m'emmena consulter les meilleurs médecins brestois. En vain. Mes premiers mots, je les ai adressés à mon grand-père. Avocat et bâtonnier au barreau de Brest, il a défendu les intérêts des communes touchées par les terribles marées noires de l'*Olympic Bravery* en 1976, ou celles provoquées par le naufrage de l'*Amoco Cadiz* en mars 1978. Pour mes cinq frères et sœurs et moi-même, ce grand-père était un personnage inquiétant, que nous redoutions et devant lequel nous filions droit. Malgré sa posture sévère, cet homme généreux couvait sa famille, il adorait sa femme, sa fille et ses six petits-enfants. Nous formions un drôle d'attelage ; mes parents ayant commencé très tôt leur élevage d'enfants, seize années seulement séparent notre mère de Sylvie, ma sœur aînée. Mon grand-père était un homme bon, qui, dès qu'il pouvait se libérer, prenait sa voiture pour se rendre dans mon pensionnat de Crozon. Il m'emmenait boire un chocolat chaud accompagné de tartines grillées beurrées (au beurre salé, évidemment).

Du haut de mes cinq ans muets, c'est à lui que j'adressai ma première phrase.

— Tu vas bien me parler à moi, mon petit, me toise-t-il un beau jour.

— Oui, toi je vais te dire. Tu es vraiment un gros On.

Stupeur dans les rangs familiaux, tout à la fois choqués par tant d'insolence et soulagés de m'entendre enfin parler. Je ne fus pas réprimandé, seulement questionné :

— Mais pourquoi ne disais-tu rien ?

— Je n'avais rien à dire.

Tout commence donc en août 1958, lorsque ma maman commit l'irréparable en me mettant au monde. Ça y est, mon histoire devient chiante. Ok, on accélère. Direction le pensionnat à Crozon-Morgat, où, à l'âge de huit ans, je suis confié à des curés à peu près normaux, c'est-à-dire que lorsque j'ai neuf ans, l'un d'eux me fait venir dans sa piaule et tente de mettre sa main dans mon pyjama. Paniqué, je lui décoche un énorme coup de pied dans l'entrejambe, qui le calme pour la suite de mon séjour. J'ai douze ans lorsque mon père m'inscrit à Juilly, un collège superchic à 40 bornes au nord de Paris, tenu par des curés oratoriens. Alors là, Saucisson, que de souvenirs ! Que de conneries !

Le cadre est sublime ; un parc immense, un lac, un stade, des courts de tennis, une piscine, des écuries, une chapelle équipée d'un orgue. Fils de bonne famille, nous portons l'uniforme, calot sur la tronche. L'institution existe depuis Louis XIII dit le Juste, le papa de Louis XIV comme son nom l'indique, et le fils d'Henri IV comme son nom ne l'indique pas. Créée en 1638, elle se destine à former les élites… Montesquieu, Claude Brasseur, Philippe Noiret, Jean-Paul Goude, Michel Polnareff, les artistes sont nombreux parmi les anciens élèves. Je remarque qu'ils oublient de citer deux noms célèbres dans leur annuaire : ma pomme et Jacques Mesrine. Et oui, l'ennemi public numéro un, flingué porte Pouchet par les sbires de Giscard… Mon cher internat a la mémoire un peu sélective. Je vais la lui rafraîchir.

J'intègre en classe de sixième cette honorable institution religieuse, dont la devise « Orior » (je m'élève) sera par moi scrupuleusement respectée. Je l'applique avec entrain, plus volontiers pour faire des conneries que pour grandir en spiritualité. Lorsque j'arrive à Juilly, j'ai déjà quatre années de pensionnat à mon actif, contrairement à mes camarades qui, eux, entament leur première année. Dès la première nuit, dans le grand dortoir un peu glacial, je me décrète chef de bande. Je ne sais pas si cette mégalomanie naissante est alors motivée par mon désir de crâner ou par celui de consoler les heures tristes de mes congénères, qui pleurent dans le noir. Quoi qu'il en soit, je décide des règles auxquelles il faudra se soumettre pour intégrer le clan. Ma préférée est celle qui invite à proposer au Conseil (c'est-à-dire à moi seul) un scénario pour réaliser la bêtise la plus originale. Soucieux de respecter la tradition du collège, j'aide à ma façon à développer la créativité de mes potes. Nous passons ainsi plusieurs nuits à organiser des parties de pêche sauvage dans le lac, parvenant même à attraper, grâce à un morceau de pain accroché au bout d'une branche, quelques grosses perches. Comme nous ne pouvons rien faire de nos prises clandestines, je décide d'inventer une activité nouvelle. Il faudra porter, sans qu'il se réveille et jusqu'au radeau flottant au milieu du lac, le lit d'un curé, un prof de latin très âgé. Merveilleuse galère que cette aventure, ponctuée de crises de fou rire ; la joyeuse dizaine de camarades de douze ans porte le lit en fer à travers le dortoir, son occupant y ronflant benoîtement. Je n'ai jamais compris comment il ne s'était pas réveillé. Une fois notre paquet livré sur le radeau, il ne nous reste qu'à larguer les amarres pour le faire dériver au milieu de l'étang. Notre curé ronfleur dormant toujours profondément, nous décidons de nous servir de lui comme cible. À force de lui jeter des pierres, il se réveille enfin et, totalement paniqué, tombe dans l'eau sombre. Une enquête est ouverte et les classes de troisième injustement soupçonnées. La direction ne peut imaginer que les petits sixièmes soient capables d'accomplir un tel forfait, une telle prouesse physique.

Monsieur Scherrer, notre professeur de musique, ne parvient jamais à jouer son *Ave Maria* sans une succession de fausses notes, qui grincent dans la chapelle. L'explication de cette défaillance est simple ; nous avons découvert qu'à l'intérieur de l'orgue, les tubes sont simplement posés sur des planches de chêne, trouées au bon diamètre. Tous les matins pendant la messe, deux camarades, dont je ne peux te révéler les noms aujourd'hui, l'un étant devenu un homme politique de première importance et le second le cadre dirigeant d'une multinationale, et moi-même, nous nous glissons dans l'orgue. Une fois bien calés dans la machine, il nous est très facile de soulever certains tubes afin d'accompagner notre prof organiste en soufflant d'horribles fausses notes. Pour calmer l'agacement du Père supérieur, le collège fait venir de nombreuses années de suite un accordeur, qui, jamais, ne comprit le subterfuge.

Mon meilleur coup n'est pourtant ni le curé latiniste flottant sur l'étang, ni mon équipe tapie dans l'orgue. L'apothéose de mes années de pensionnat est si glorieuse qu'elle s'étale en une de *France-Soir*, ce qui, quand j'y repense aujourd'hui, annonce ce qui, bien plus tard, constituera le but de mon métier. En ce mois de juin 1969 donc, nous sommes en classe de cinquième. Il fait si beau que je décide d'organiser une sortie champêtre avec mes six meilleurs potes. Notre projet s'évente, une grande partie de la classe veut nous accompagner dans cette promenade bucolique, puis bientôt ce sont tous les cinquièmes, les quatrièmes, les sixièmes et les troisièmes qui s'associent au projet. La fugue estivale se transforme en une mini-révolution, prolongation improvisée de la fièvre de Mai qui a secoué le pays l'année précédente. 327 élèves s'égaillent dans la campagne de Seine-et-Marne avec un seul principe : les vainqueurs seront ceux qui parviendront à être rattrapés les derniers. Juste avant notre départ, j'explique à mes camarades qu'il est plus judicieux de nous séparer en petits groupes et de nous disperser, plutôt que de galoper comme un compact troupeau de bisons dans les plaines du Montana. Évidemment, les autorités du collège s'affolent. Les vainqueurs ne seront retrouvés dans une grange, à 40 kilomètres du collège, que trois jours et trois nuits plus tard. Jamais aucun responsable de l'internat ne sut qui avait organisé cette folie… Quant à moi, j'explique en confession que nous avons certainement été victimes d'une intoxication alimentaire ou d'un nuage toxique.

*

* *

Mon éditeur me bassine pour que je me livre, que je sois moins factuel, plus personnel. Il m'inonde de textos, de messages, de mails, tant il veut que je m'inflige à moi-même ce que je fais subir à toutes ces célébrités depuis tant d'années. Paradoxalement, moi qui suis rentré si souvent sans y être invité dans des chambres à coucher, qui me suis faufilé dans des salles de bains verrouillées, qui ai planqué mon téléobjectif dans les alcôves les plus secrètes pour y dénicher les histoires d'amour les mieux cachées, je n'arrive pas à confier la moindre petite parcelle de mon intimité. Le comble du paparazzo.

Il y aurait bien mes histoires de femmes que je pourrais te confier, Saucisson, peut-être qu'elles te feront marrer ou pleurer. En tout cas, en te les écrivant, on ne pourra pas dire que je n'ai pas à mon tour forcé les portes de ma vie privée. Les femmes, j'en ai aimé étant jeune. Les filles, j'en ai aimé étant un peu plus vieux. J'ai eu des histoires avec des belles, des très belles, des moins belles, des ingrates, des très ingrates, des grandes, des petites, des minces, des plus grassouillettes, des rouges, des noires et d'autres encore de toutes les couleurs. Ne crois pas que je crâne ou que je joue le don Juan, mais en y repensant, je me rends compte que j'en ai vraiment aimé beaucoup et j'espère bien que ce n'est pas fini. Seulement, Saucisson, je dois reconnaître que peu d'entre elles m'ont aimé.

Hormis la première : Cécile. Pendant l'été 1972, mes parents, pour me punir de ma dix-septième exclusion d'une école, m'envoient dans une sorte de camp de travail à Berck chez les chtis, où nous devons reconstruire les murailles d'un fort en ruines à l'extérieur de la ville. Quand j'aperçois la première fois son dos, sa longue chevelure blonde, très bouclée, sa silhouette de sirène, j'en reste pétrifié, incapable de bouger ou de dire un mot. Aujourd'hui, quarante et un ans plus tard, quand je pense à cette rencontre, je crois devoir avouer que je ne m'en suis jamais remis. Cécile se retourne et ses grands yeux, bleus évidemment, me foudroient. Passé quelques secondes, elle sourit, découvrant des jolies dents de porcelaine. Son sourire, je m'en souviens encore car c'est le plus beau qu'il m'ait été donné de voir. Dommage qu'à l'époque je n'aie pas eu un Nikon pour le fixer.

Pour accomplir ce chantier, nous campons sur place. Ambiance très baba. Nos animateurs, frustrés d'avoir loupé leur révolution quatre années auparavant, grattent leur guitare autour de feux de veillée, ils nous enseignent l'art de rouler de magnifiques pétards et nous autorisent tous les alcools possibles. Les tentes distinctes pour les filles et les garçons ne résistent que quelques nuits avant que notre camp se transforme en un immense bordel... Le 12 juillet 1972, je découvre l'amour, l'amour fou. Nos copains rigolent de notre passion et nous surnomment Love story. Fin juillet, Cécile repart vers Toulon et moi vers ma Bretagne et ma fratrie. Étrangement sages pour notre âge et bien décidés à ne pas souffrir, nous convenons de ne pas échanger nos adresses ni nos numéros de téléphone. Nous savons que nous avons vécu notre première histoire d'amour et ne voulons pas l'abîmer. Je le regrette aujourd'hui. Tous les jours et toutes les nuits de ma vie, j'ai pensé à Cécile. Si tu me lis, Cécile, je t'en supplie appelle-moi.

Quelques années plus tard, je rencontre la mère de mes deux chipies. Nous sommes à

Verdelot, un prieuré du XIIIe siècle en Seine-et-Marne, dans lequel une bande de grands cinglés se retrouve chaque week-end. Une histoire d'amitiés, de rires, de salpêtre et d'herbes folles, que mon pote Alexandre Jardin a si joliment écrite que je n'ai rien à ajouter. La taulière, Stéphane, est la maman de Baba, d'Alexandre et de Fred. Elle règne sur sa demeure fantasque en maîtresse absolue, un gourou hippie et intello qui aime rassembler autour d'elle une cour d'invités tous célèbres. Glisser dans ce vivier de stars un grand méchant loup de paparazzo comme moi l'amuse beaucoup. Et bien que j'appartienne à la génération de ses enfants, Stéphane trouve en moi son pendant masculin, nous partageons l'insolence et le goût de la provoc. Ce samedi matin, je gare ma grosse BM dans la cour, tout juste si je ne fais pas crisser les pneus sur le gravier. J'entre dans l'immense cuisine, au milieu de laquelle trône une table de plus de 5 mètres, suffisamment spacieuse pour que dix-huit convives puissent y prendre place, en criant à la cantonade combien ça sent bon. La femme longiligne, affairée aux fourneaux, se retourne ; Sylvie, un mètre soixante-dix-huit de parfaite beauté, blonde, les yeux bleus, un choc total. C'est ma Cécile, le sosie de mon premier amour. Je la détaille avec grossièreté. Par trois fois, je scrute sa silhouette, laissant mes yeux glisser de sa tête vers ses pieds tout en sifflant comme un New-Yorkais qui hélerait un taxi. Je suis volontairement vulgaire, et même si je sais que ce n'est pas franchement l'ambiance de Verdelot, à cet instant je ne sais pas me déguiser autrement. Mon regard insistant aurait dû faire bondir Sylvie, or il l'amuse. Elle se marre, elle m'explique qu'elle prépare un lapin à la moutarde. Je déteste le lapin. Je le lui dis. Je déteste les bonnes manières.

Mais ce lapin-là, je l'adore, tout comme sa cuisinière qui, un an plus tard, me demande en mariage et quinze années après en divorce. Normal.

Puis viendra Agnès. Agnès, sa silhouette de top-modèle et ses yeux, chauds comme de l'or en fusion, Agnès, que je désire comme un idiot depuis des années, Agnès qui le sait et en sourit, Agnès, mon amie, ma confidente, ma sœur, mon rêve, le fantasme de mes nuits solitaires. Elle est mon contraire, mon yang, mon alter. Éditrice dans un groupe de presse, elle travaille parmi ceux que je nomme les « gris », ces hommes et ces femmes de l'administration, de la comptabilité, des chiffres, ces serviteurs de l'ordre et des consignes, mes ennemis héréditaires. Agnès, mère de deux petites filles, est une femme dérangeante, intelligente, spirituelle. Du poivre, auquel je suis toujours totalement accro. Mon incapacité à la séduire s'est transformée en complicité. Elle est le curseur de ma vie foutraque. Elle est ma morale (la mienne est intermittente), ma première lectrice bénévole, l'ange gardien de mes 400 coups poisseux. Avant, pendant et après chaque reportage, nous échangeons. Elle me juge, me remet sur un cap, elle me gronde, elle me console. Avec passion, par téléphone, mail ou texto, elle incarne ma conscience, elle m'indique que je suis allé trop loin (ben oui), que je finirai en enfer (ben oui). Je lui réponds en tapotant sur le clavier de mon iPhone des lignes de bisouxxxxxx (♥). Agnès et moi, c'est une histoire sans fin, une histoire rare, et peut-être qu'un jour…

CHAPITRE DEUX

François, si tu veux ta radiocassette, appelle-moi

À Valoche, ma jolie copine de bureau et son amoureux, je prête mon appartement quand ils voudront échapper à la traque de mes confrères. Surprise et damnation. Devenus monsieur et madame Zident, ces copains me fuient. N'est-ce pas moi qui aurait dû être fâché ?

Un matin glacial de novembre 2012, 7 h 15. J'arrête mon Vespa rue Cauchy, dans le XVe arrondissement de Paris, face à la porte du domicile du PR (Président de la République, Saucisson !). Je retire mon casque, gare l'engin à trois roues quand trois flics en civil me sautent sur le paletot en me demandant ce que je fiche là. « Ne vous inquiétez pas les chicken, rien de grave… Juste une petite photo du Zident qui sort de chez lui… ! » La tronche des guignols. J'ai l'impression de leur avoir annoncé que Ben Laden débarque. Les flics n'aiment pas les journalistes. Ils nous soupçonnent des pires mensonges, devinent en nous des ennemis de l'ordre, des irrespectueux de la loi et des empêcheurs de cogner en rond. Le journaliste trouble la tranquillité policière. Quant au photographe, il est à leurs yeux un travailleur manuel plus ou moins analphabète, manœuvre de la presse juste bon à appuyer sur le bouton de son Nikon, comme le flic sur la détente.

Bruno a préparé pour *Le Point* un reportage sur les commerçants alentour, qui racontent comment le couple présidentiel normal fait ses emplettes normalement et se comporte tels Josette et Marcel attendant normalement leur tour en caisse. Pour compléter le sujet, le patron du *Point*, Franz-Olivier Giesbert, me commande une image du Zident sortant de son domicile parisien. Franz ne croit pas que François Hollande habite encore son petit appartement normal. Résultat, les schmitt de surveillance m'interpellent et me demandent de dégager. Ils voudraient que je me range soit au début, soit à la fin de la rue, derrière une barrière. Direct, je leur réponds qu'il n'en sera pas question :

— Vous avez raison, les saucissons, on ne voit rien là-bas...

— Mais, mais, mais vous n'avez pas le droit !

— Ce n'est pas grave, si on n'a pas le droit, il faut prendre le gauche.

Entendant cette conversation surréaliste, dont le seul but est pour moi de demeurer le plus longtemps possible posté devant l'entrée de l'immeuble de François Hollande, un gradé s'avance et m'indique que nous sommes dans une zone de sécurité. Je le contredis, arguant avoir vérifié qu'il n'y a pas d'arrêté préfectoral. À 7 heures du matin, cela vaut toujours la peine de bluffer car personne dans l'administration n'a encore ouvert son guichet pour démasquer mon mensonge. Le temps passe, un membre du Groupe de sécurité de la présidence de la République (GSPR) me reconnaît :

— Bonjour, monsieur Rostain, mais que faites-vous là ?

— Enfin, on me cause meilleur (merci Lino Ventura). Tout bien réfléchi, vous avez raison, elle est nulle mon idée de photo, ça vaut que dalle !

Tendant les bras devant moi, je lui présente mes poignets et l'invite :

— Arrêtez-moi. Arrêtez donc un journaliste sur la voie publique qui photographie le chef de l'État, votre hiérarchie adorera et le Palais plus encore.

— Euh... Mais non...

Tandis qu'il émet ses onomatopées, le chauffeur de la Citroën présidentielle démarre son carrosse pour que notre Zident ne se les gèle pas en y grimpant. C'est le signal. La lumière du couloir s'allume, ils n'auront même pas eu le temps de me virer, que François s'avance. Clic, clac ! Merci François !

Il m'aperçoit, traverse la rue, sourire aux lèvres, me serre la louche en me demandant à son tour ce que je fabrique dans ses parages. Je lui explique vouloir « juste une image, tu montes dans ta voiture et surtout tu fais bien comme si je n'étais pas là ». Ça me fait marrer d'organiser avec lui une fausse planque. Je pense à mon pote, Jeanloup Sieff, qui a titré son dernier album *Faites comme si je n'étais pas là*. Sieff, premier client du Flore, où il débarquait tous les matins à 7 heures au volant de son Aston Martin et déguerpissait lorsque le second client arrivait. Ce jeu avec François évoque en moi le souvenir de notre première rencontre : un dîner chez mon ex, Juju, dans sa maison de Saint-Germain-des-Prés. J'avais invité Valérie Trierweiler, ma copine, consœur à la rédaction de *Match*, qui vint avec son nouveau Jules, François. Autant te dire qu'il transpirait un peu notre futur Zident en arrivant avec son petit bouquet de fleurs...

Je lui fais part d'une connaissance familiale, qui exerçait au Sénégal en 1952. Elle m'a confié cette histoire. Le père Royal était lieutenant à Dakar, il y vivait avec son épouse et leurs trois enfants. D'octobre 1952 à juin 1953, il a été envoyé en mission à Fort-Lamy au Tchad. François Mitterrand, qui venait de perdre son maroquin de ministre de la France d'outremer, a passé trois semaines dans la capitale du Sénégal, où il s'est épris follement de madame Royal.

Gêné, le futur candidat socialiste et encore époux de la Ségo botte en touche.

Dès le lendemain, je commence à enquêter auprès de mes confrères, les « bien informés », ceux qui savent tout mais ne disent rien. La grande maladie de la presse française est à l'œuvre : des journalistes informés d'une hypothèse ne la vérifient pas.

Quelques jours plus tard, nous dînons au Mori Venice Bar, où déboulent notre futur PR avec sa First lady, enroulés sur un Vespa trop petit pour eux, avec des casques également trop serrés. François, le sourire narquois, me félicite d'avoir choisi un restaurant d'une telle discrétion ! En effet, situé place de la Bourse, entre l'Agence France-Presse et le *Nouvel Obs*, nous ne sommes pas vraiment à l'abri des journalistes. À peine entrés, le marchand de nouilles, un Vénitien prénommé Massimo, se jette sur François avec une déférence digne de Louis de Funès dans *La Folie des grandeurs*. Voulant faire le malin, notre tavernier lui présente son buffet d'antipasti et s'arrête religieusement devant une énorme machine à découper le jambon, en fonte rouge Ferrari. Il s'ébahit en nous présentant la merveille, très ancienne et numérotée. Gonflant la poitrine, il nous indique que le numéro uno de la série appartenait à Benito. Malaise.

— Si, Benito Mussolini ! insiste l'aubergiste.

Défiant l'estime que certains ritals éprouvent encore pour le Duce, je lui explique que ce n'est pas seulement parce que mon pote est de gauche mais que pour nous, Gaulois, la popularité de Mussolini est d'une moindre intensité... La prochaine fois, il n'aura qu'à expliquer que le numéro uno appartenait à Federico ou Marcello…

*
* *

Un mois plus tard, je retrouve Morgat, mon petit port breton, où ma maman vit dans une drôle de maison en fer, conçue par Gustave Eiffel. Elle est classée monument historique. La maison, Saucisson, pas ma mère ! J'ai quant à moi racheté la maison de mon grand-père, dans laquelle j'essaie le plus possible d'amener mes deux chipies, Louise et Léa. Chaque mois d'août, j'y séjourne pour y célébrer, avec mes amis bretons et des Parisiens en vacances, mon anniversaire, qui tombe le 12, comme pour notre François Zident. Prenant mes quartiers d'été, j'apprends que François et Valérie ne savent où dormir, étant pourchassés par une meute de paparazzi. Je propose de leur prêter ma résidence parisienne dans le quartier des Champs-Élysées. Quoi de plus délicieux pour le couple traqué que de se cacher chez moi pour échapper aux téléobjectifs ! Ils sont ravis et me remercient chaleureusement.

À mon retour début septembre, quel choc ! Aurais-je été cambriolé ? Les serviettes, les draps, les coussins s'amoncellent au milieu de la pièce, la vaisselle sale s'empile dans l'évier, les draps de bain froissés s'éparpillent dans le salon. Un vrai cauchemar. Je ne suis ni maniaque, ni spécialement ordonné et me plais à vivre dans un foutoir permanent, mais là je suis renversé. Mon appartement est saccagé, retourné, chamboulé. Sale.

Au fait François, j'ai toujours une vieille radiocassette que tu as oubliée chez moi, n'hésite pas si elle te manque : 0607xxxxxx !

Je ne les reverrai plus que rarement. Dont une fois pour une tentative de couverture de *Paris Match*. Le 14 juillet 2012, après avoir supprimé la traditionnelle garden-party dans les jardins de l'Élysée, Valérie et François se rendent aux fêtes maritimes de Brest... Une provocation pour le paparazzo breton que je suis. J'abandonne Bruno, collé à son énorme téléobjectif pendant les trois heures du défilé face à la tribune officielle pour essayer de réaliser une jolie image du couple, et je fonce à Brest rejoindre mon pote Olivier de Kersauson. La visite est préparée. Les trajets du cortège confidentiels. Mais l'indiscrétion d'un copain pêcheur nous indique le ponton de départ, qui se trouve être celui où Olivier amarre ses géants des mers. Nous nous postons, en embuscade, au pied de la passerelle, dans le Zodiac d'Olivier.

Lorsque le couple arrive, il manifeste son étonnement de me retrouver là.

— Mais qu'est-ce que tu fous ici ? s'exclame le Zident. Ah, oui, tu habites ici !

— Non, monsieur le président, de l'autre côté de la rade, sur la presqu'île.

Clic-clac, quelques images. Je leur présente Olivier, l'amiral de Brest. Ils embarquent sur une vedette électrique pour se promener parmi le défilé nautique de vieux gréements puis rejoindre le port militaire. Ils pensent se débarrasser de moi, mais, à peine ont-ils quitté le quai, que nous nous plaçons à cinq mètres d'eux, Olivier s'étant reconverti en pilote de Zodiac. Les gendarmes maritimes et les commandos marines, chargés d'éloigner les bateaux pirates trop proches de l'embarcation présidentielle, foncent sur nous, mais reconnaissant Olivier, Dieu vivant dans la rade, ils s'arrêtent. Merci mon pote de m'avoir permis de réaliser des centaines de clichés du couple, qui feront la joie de *Paris Match*.

Texto d'Agnès : « Tu ne t'emmerdes pas ! Tu pars en reportage chez toi, en Bretagne ? » Réponse : « Tu viens quand ? Il n'y a pas que le Jura… Allez, viens cet été avec tes filles. Tu verras, l'endroit est vraiment digne de toi. » Je ne lésine jamais sur le compliment onctueux. Et lui joins quatre photos enjôleuses de la vue depuis ma maison, une plage déserte, un coucher de soleil et l'île de Sein surgie de l'océan… Elle dit que je ne suis pas amoureux. Je conclus en ajoutant un petit cœur bondissant. Le mien tourne dans le vide.

*

* *

Voici peu, j'ai rappelé François, le Zident. Sur son portable, je le prie de me recevoir discrètement. Tu parles, il m'invite à venir au Palais. Discrètement j'ai dit, François. Bon, ok tu rentreras par la porte Est, rue de l'Élysée. J'y vais. Je suis dans son bureau et lui tends le communiqué de presse de Me Toledano à l'AFP : « La comédienne Julie

Gayet, dont je suis l'avocat, a chargé mon cabinet de poursuivre sur le plan judiciaire la diffusion de la rumeur colportée sur Internet qui lui prête sans aucun fondement une relation sentimentale avec le président de la République. Elle entend que soit respectée sa vie privée et familiale, rien ne justifiant sa mise en cause. » Sur ces entrefaites surgit Valoche, qui crie, l'invective, lui demande s'il n'a rien de mieux à faire que de bavarder avec moi. Elle me chauffe un peu les sangs, je hurle à mon tour. Elle attrape son compagnon par le bras et ils quittent le bureau, m'y laissant seul. Merde ! Ils m'ont oublié, qu'est-ce que je fous seul dans le bureau du président de la République française. François revient, s'excuse gentiment et me raccompagne sans évoquer le sujet fâcheux. Notre sortie est si discrète qu'alors que je traverse la cour de l'Élysée, je reçois un appel du chef du service photo de *Match* qui me demande ce que je fabrique à l'Élysée… Rien, mon pote. Rien.

CHAPITRE TROIS

Cécilia me nargue et Carlita se couche tôt

Nos Zidents ont des amours chahutées. Je découvre que si tout le monde s'en inquiète ou s'en gausse, les patrons de presse préfèrent rester les seuls à profiter du secret. Ni courageux, ni partageux. Sauf un. Qui va le payer cher. À froid.

Paris s'agite de mille rumeurs, de secrets éventés et de confidences défraîchies. Alors que Nicolas Sarkozy, ministre de l'Intérieur, poursuit son irrésistible ascension vers la présidence de la République, Cécilia, son épouse, s'apprêterait à le quitter. Elle plierait bagage pour rejoindre le publicitaire Richard Attias, dont elle a fait connaissance un an plus tôt, alors que l'homme d'affaires organisait le congrès du Bourget, une gigantesque cérémonie d'investiture célébrant l'arrivée de Nicolas

Sarkozy à la tête de l'UMP. Dans un reportage publié par *Match*, nous avons identifié le visage du play-boy, dont toute la capitale parle mais que personne ne visualise encore : il est assis au premier rang, entre les encore époux Sarkozy.

Cécilia paraît s'être décidée. Elle ne sera donc pas First lady accompagnant avec grâce et retenue son mari sur le perron de l'Élysée. Elle abandonne son rôle de conseiller politique occulte, qui lui aura valu tant de haine dans les clans des caciques de l'UMP, elle se déleste des intrigues de palais, échappe aux déplacements chez les péquenauds de sous-préfecture. Au côté de son nouveau compagnon, Richard Attias, pas de risque de devoir boire un calva avec un conseil général bavard. À elle désormais, les manifestations internationales prestigieuses, les Nelson Mandela, Bill Clinton, Richard Gere, Sharon Stone, et toute une palanquée de Prix Nobel. Attias les côtoie chaque jour car il a pour métier de fabriquer les plus chic sommets de la planète. Tandis que les communicants de Sarkozy bâtissent un plan de communication en béton pour vendre l'image du couple uni dans la conquête, alors qu'ils échafaudent des mises en scène émouvantes, rêvant à leur futur président se pointant au Palais avec sa belle épouse et leurs cinq têtes blondes, Cécilia, elle, a le cœur ailleurs. Et les valises ouvertes.

En ce mois de mai 2005, les Français sont appelés à se prononcer sur le projet de Constitution européenne, dont tout le monde se fout. D'ailleurs, ils voteront contre parce qu'ils ne sont pas contents. Et comme on se tamponne de leur avis, le projet sera l'année suivante adopté au Parlement. En attendant, Sarkozy mène une campagne totalement inutile et s'échine à vendre du rêve européen caché dans un texte constitutionnel hermétique en visitant buralistes catalans et viticulteurs du Languedoc. Lui et ses boys ignorent encore que la future First lady prépare la plus grande gifle de l'histoire de la Cinquième République.

Tout n'est que rumeur jusqu'à ce 18 mai. Ce jour-là, des touristes français surprennent Richard et Cécilia en flagrant délit d'escapade amoureuse à Pétra, splendide site archéologique de la Jordanie. L'info est béton. Grâce à nos réseaux d'ex-copines hôtesses de l'air et employées au sol, nous obtenons le numéro de leur vol retour. Nous fonçons à Roissy et installons notre dispositif aéroportuaire de surveillance de couple en goguette. Mais ce jour-là, pas de bol, Cécilia et Richard ont changé au dernier moment leur réservation et sont revenus chacun de leur côté. On ne se bécote pas dans les terminaux de Roissy sous l'œil des caméras de la PAF (police aux frontières), lorsqu'on est l'épouse du patron de la police, encore ministre et déjà candidat à la présidentielle... Forcément. Nous décidons de planquer l'appartement des Sarkozy, sur l'île de la Jatte à Neuilly-sur-Seine, depuis la terrasse du restaurant d'un pote situé juste en face. Le couple vit certes au ministère de l'Intérieur, mais nous espérons que Madame viendra récupérer des affaires. Las, elle n'y mettra pas les pieds.

La mission est délicate, mais le scoop potentiel énorme. Un confrère en fait les frais. Il croise le couple clandestin et le photographie dans un restaurant, Le New York, avenue Carnot. Pas franchement discret, il se fait repérer. Ses images disparaîtront mystérieusement. Personne ne les verra jamais. Et son corps sera repêché dans la Seine trois jours plus tard criblé de balles... Non je déconne, Saucisson ! On n'est pas au Zimbabwe. La presse est libre. Enfin... presque. Enfin... Non, pas du tout ! Toujours au service du pouvoir et jamais en manque de cirage.

Agitant tous nos contacts, nous cherchons désespérément Cécilia, seulement s'attaquer à la femme du ministre de l'Intérieur n'est pas une tâche aisée. Nous apprenons toutefois que la belle et son amant s'apprêtent à partir en amoureux sur les hauteurs de Cannes, où le publicitaire possède une maison. Pour les attraper, il nous faut organiser un dispositif digne des scénarios de *Mission Impossible*. Bruno et moi, équipés de nos deux appareils photo, louons une bagnole à l'aéroport de Nice. Pour mettre le plus de chances de notre côté, nous nous séparons. Bruno part le premier et je prends un biffeton plein tarif dans le même avion que nos tourtereaux. Pourquoi plein tarif ? Pour ne pas me retrouver au fond de l'appareil sur le siège 184F et mettre trois plombes à sortir du zinc. Tandis qu'avec un biffeton à 800 euros, tu es forcément placé à l'avant. En effet, je me retrouve assis trois rangées devant eux. Je ne te dis pas dans quel état de fébrilité je suis, lorsque je découvre en salle d'embarquement qu'ils ne sont qu'à quelques mètres de moi et qu'il me faut résister à la tentation de les photographier.

À peine arrivé à Nice, en lien permanent avec Bruno au téléphone, je les suis jusqu'au comptoir d'un loueur de voitures. Je me glisse dans la file d'attente juste derrière eux et ouvre grand mon oreille pour saisir au vol le numéro de téléphone de Richard et son adresse parisienne. Ils ont loué un cabriolet. Comme le ciel est radieux, ils le décapotent, sans se douter que mon pote Bruno, planqué sur le toit du parking d'en face, prend ses premiers clichés.

On les filoche. Avant d'attaquer les routes sinueuses et solitaires des hauteurs de Cannes, la voiture s'arrête devant une petite supérette. Le couple en ressort les bras chargés d'emplettes. « Et merde ! Ils ont fait le plein du frigo ! Ça sent le week-end enfermé à la casa ! » s'agace Bruno. Nous assurons quelques clichés puis reprenons la route. La filature devient délicate, car la route est de plus en plus déserte. Finalement, Richard et Cécilia s'arrêtent devant une jolie baraque. En planque deux cents mètres plus bas, nous savons que nous ne pourrons pas rester longtemps, car deux mecs seuls dans une voiture éveilleront les soupçons des voisins de cette banlieue super chicos et les cow-boys de la police municipale ne tarderont pas à débarquer pour nous électrocuter façon Taser. Mais ce jour-là le dieu des paparazzi est avec nous. Deux heures plus tard, le couple repart en direction du centre-ville. Nous reprenons la filature. Or, sans le vouloir, car il ne nous a pas repérés, Richard, qui doit connaître le coin par cœur, nous sème. Impossible de les retrouver. Dépités, nous décidons d'aller noyer notre chagrin en nous baladant sur le vieux port, l'endroit le plus sympa de la ville.

Leur voiture est là, garée devant un restaurant italien branché, le quartier général de tous les photographes du festival de Cannes. Incroyable qu'ils aient choisi cet endroit si visible. Après le dîner, nous les observons flânant amoureusement sur le trottoir. Pour nous, les débuts des histoires d'amour sont des moments bénis. Les couples débutants, qu'ils soient anonymes ou célèbres, passent leur temps enroulés l'un dans l'autre. Unis dans leur bulle, ils ne remarquent rien autour d'eux, n'ont d'yeux que l'un pour l'autre. Et nous n'avons d'yeux que pour eux, mitraillant ces moments de tendresse.

Contents d'avoir pris les seules photos qui suffisent pour accréditer l'histoire dont s'émeut le Tout-Paris, nous présentons le lendemain nos clichés aux rédactions. Bizarrement, ni *Paris Match*, ni *VSD* n'en veulent. Il semble qu'il y ait de la pression dans l'air. La presse française aime bien garder pour elle les secrets d'alcôve et hésite rarement à faire montre de sa complicité avec les puissants. Alors que tout le monde sait que Cécilia a quitté Nicolas pour Richard, aucun rédac' chef ne veut publier notre reportage, car si les déboires de Nicolas Sarkozy feraient vendre des millions d'exemplaires, susciter son courroux effraie. Effraie beaucoup.

Nous, on s'en fout de leur trouille. Notre patron n'est pas le futur président. Notre patron, c'est le grand public qui réclame chaque semaine sa part de bonheur en un million d'exemplaires. Seulement, ce ne sont pas nos lecteurs qui publient nos reportages, mais les patrons de presse. Qui ont aussi leurs patrons, qui eux-mêmes obéissent à d'autres patrons… Bref, tout le monde se carapate. Deux mois après notre escapade cannoise, lors d'une interview sur France 3, Nicolas Sarkozy confiera lui-même ses difficultés conjugales.

Stupéfaction, la presse française ne leur consacrera pas une ligne. En Suisse, le rédacteur en chef du quotidien *Le Matin* en fera sa une.

En juillet 2005, un ami nous appelle de New York :

— Cécilia vous intéresse-t-elle toujours ?

— Raconte…

— Elle s'installe ici avec son boy-friend, dans l'Upper East Side. Vous voulez leur adresse ?

Là, l'histoire change soudainement d'intensité. Ce n'est plus la fugue amoureuse de l'épouse d'un ministre-candidat, mais un déménagement, un drame, une rupture. Bruno part en éclaireur, son genou droit bandé, depuis qu'il se l'est foulé au cours de galipettes inavouables. Dans ce quartier chic, il découvre que les seuls véhicules autorisés à stationner de l'autre côté de l'entrée de l'immeuble où nichent nos tourtereaux, sont des *trucks*. Ces deux places de parking disponibles font face à une clinique. Heureusement, par ce mois de juillet étouffant à New York, la présence de mon pote en short, le genou bandé, devant ladite clinique n'étonne personne. J'arrive le lendemain, ayant loué à l'aéroport un énorme 4 × 4 aux vitres fumées. L'engin est si massif qu'il entre dans la catégorie des *trucks*. Nous pouvons donc stratégiquement nous garer juste en face de la porte de l'immeuble. Le décalage horaire aidant, nous nous installons dans notre forteresse à roulettes. Il est 6 heures du matin, lorsque apparaît Richard Attias, il revient du *coffee shop* et s'engouffre dans une limousine. Nous le suivons jusqu'au siège de Publicis. Mais se garer à New York relève du miracle. Heureusement, un bon petit biffeton vert convainc les gardiens de parking mexicains les plus récalcitrants. Quelques heures plus tard, Attias repart vers son domicile, mais cette fois son chauffeur reste au volant de la limousine. Nous imaginons qu'il va repartir rapidement, lorsque soudain Cécilia surgit. Elle s'arrête sous le porche, une feuille à la main. Ils sont dans le cadre. Clic-clac, c'est dans la boîte. Nos images ne mentent pas, ne trichent pas et celle-ci dit la rupture définitive, elle signe la fin d'une histoire et le début d'une autre.

Car en agrandissant la feuille de papier qu'ils tiennent dans la main, nous découvrons le plan d'un appartement et comprenons qu'ils ont décidé de s'installer définitivement à New York. Nous en sommes là de notre gamberge, lorsqu'ils s'engouffrent dans leur limo et quittent Manhattan par le Queensboro bridge. Un pont à péage pour lequel il nous faudrait un V-Pass – abonnement qui permet d'éviter les queues interminables. Faute duquel les amoureux nous échappent. Nous fonçons à l'aéroport de Kennedy puis vers celui de LaGuardia, espérant les y retrouver, hélas ils ont disparu.

Bruno reste à New York ramasser quelques détritus, car depuis le temps qu'on nous traite de fouille-merde, nous avons fini par le prendre au mot et avons décidé de ramasser le contenu des poubelles de la planète. Des photos qui seront bientôt exposées dans les plus grands musées. Quant à moi, je remonte dans l'avion, où, hallucination, je me retrouve deux rangées derrière Cécilia, assise tranquillement avec son fiston. Le destin s'amuse à nous faire de gros clins d'œil. Arrivé à Paris, je dîne avec une copine, blonde pulpeuse et patronne de Sephora, dans un restaurant de Jean-Louis Costes, mon pote, sur l'esplanade des Invalides. Trois tables à côté de la nôtre,

Cécilia dîne avec une amie. Je me demande si ce n'est pas elle qui me suit.

Ce mardi 23 août, Alain Genestar, dirlo de *Match*, m'annonce que *VSD* a l'intention de publier l'histoire. Branle-bas de combat ! Notre magazine est bouclé depuis la veille au soir, mais on change tout. Dans le jargon, on appelle ça un « repiquage ». Notre photo du couple Cécilia-Richard tenant la feuille du plan d'un appartement couvre la une du numéro, qui fera la plus grosse vente de l'année. La suite, tout le monde la connaît. Enfin, tout le monde croit la connaître, parce que la vérité n'a rien à voir avec la version qui fut écrite, et colportée.

Dans son livre *Expulsion*, Alain Genestar a décrit la colère hystérique du ministre de l'Intérieur, découvrant notre magazine étalant son fiasco amoureux en quadrichromie. Nicolas Sarkozy considère Arnaud Lagardère – le propriétaire du magazine *Paris Match* – comme son « frère ». C'est d'ailleurs ainsi qu'il l'a qualifié, deux mois auparavant, lors de son intervention aux assises du groupe Lagardère Active à Deauville. Après la publication des photos de Cécilia et Richard à New

York, Sarkozy demande la tête du patron de *Paris Match*. Ses conseillers, Claude Guéant et Franck Louvrier, lui déconseillent de faire virer le journaliste en charge d'un grand magazine, geste qui, à dix-huit mois des élections présidentielles, pourrait écorner son image de démocrate. Les deux experts redoutent surtout l'esprit corporatiste des journalistes, qui pourraient tenir rancune de ce limogeage tyrannique au futur candidat de l'UMP à l'élection présidentielle. Sarkozy feint de les écouter. Il fait mine de se réconcilier avec Genestar et l'invite à déjeuner place Beauvau. Seulement, s'il paraît s'apaiser, sa colère est tenace. Advient ensuite un épisode, dont le grand public n'aura pas eu connaissance, un épisode sournois qui explique les vraies raisons du licenciement du patron de *Match*. *Le Monde* publie une série d'enquêtes, démontrant l'existence de pratiques pas très claires au sein de filiales du groupe Lagardère. Ces révélations font chuter le cours de Bourse de Lagardère. Au siège de sa présidence, rue de Presbourg, Arnaud Lagardère et ses conseillers ne rigolent plus. Ils réalisent que *Le Monde* n'a pu obtenir ses informations dévastatrices qu'en se fournissant au ministère de l'Intérieur. Pour venger le mauvais coup, Nicolas Sarkozy a donc livré une guerre souterraine. Efficace et imparable riposte, d'autant plus avantageuse pour le candidat au suffrage universel qu'il n'apparaît pas directement aux manettes. Arnaud Lagardère comprend tout. Dans *Le Canard enchaîné*, il découvre les commentaires de Sarkozy après la publication de notre reportage consacré à Cécilia et Richard Attias : « Soit il est bête, soit il est incompétent. » La direction du groupe Lagardère décide de licencier Alain Genestar. En le sacrifiant, elle donnera à penser que c'est bel et bien le ministre de l'Intérieur qui fait virer un patron de presse pour venger une affaire privée.

Arnaud Molinié, responsable de la communication rue de Presbourg, attendra trois mois avant d'expliquer que l'effritement des ventes du magazine *Paris Match* et la baisse des recettes publicitaires (– 16 % en un an) justifient le départ de son directeur. Ces trois mois de silence suffisent au microcosme parisien pour avaler ce qu'on a voulu lui donner à croire : Sarkozy a eu la peau de Genestar. Le coup est magistral, l'affaire rondement menée. Seule anicroche toutefois, les journalistes, moins corporatistes que prévu, se fichent du licenciement d'un confrère. Aucun des hérauts de la liberté de la presse, d'ordinaire prompts à donner de sages leçons, ne prend sa plume pour défendre son confrère. Une fois de plus, la presse fait preuve d'un courage redoutable.

Les rumeurs les plus audacieuses courent désormais sur les fluctuations du couple Sarkozy et la presse s'interdit toute enquête. Silence total. Nous recevons un appel de Tony, une connaissance fiable et toujours bien rancardée. Tony est un gangster de profession, recherché par toutes les polices de France pour avoir braqué plus de tirelires (fourgons blindés) que j'ai eu de couvertures de magazines. Tandis qu'il déambule dans les allées du magasin Darty de la Madeleine à la recherche d'un micro-ondes ou d'un sèche-cheveux, notre copain brigand aperçoit des flics avec oreillettes en train de parler dans leur manche de veste. Il craint qu'ils l'aient repéré puis se rend compte que les malabars entourent le ministre de l'Intérieur faisant ses emplettes. Amusé, notre contact nous décrit en direct la scène : le ministre enlace une fille entre les frigos et lave-vaisselle Darty, au milieu des clients et vendeurs d'électroménager hallucinés. Tony se faufile au côté de Sarko quand ce dernier règle ses achats : 16 000 euros en espèces. Le vendeur, imperturbable, propose au futur président une extension de garantie de cinq ans. Goguenard, Sarkozy lui répond ne pas en avoir besoin et précise : « L'année prochaine, vous me livrerez juste à côté, rue du Faubourg-Saint-Honoré. »

Nous arrivons trop tard chez Darty. Grâce à un petit biffeton, nous obtenons l'adresse de la livraison, prévue quelques jours plus tard. Lorsque à la date choisie, je parviens avenue Victor-Hugo pour y guetter le camion, je photographie un « sous-marin » du ministère de l'Intérieur, soit un véhicule banalisé servant normalement à planquer les bandits, et trois types en civil déchargeant frigo, lave-vaisselle, lave-linge et sèche-linge. Des livreurs qui ressemblent plus à des poulets qu'à des employés de chez Darty. Nous louons une chambre dans l'hôtel d'en face et photographions chaque jour le futur Zident, accompagné d'une journaliste du *Figaro*. Ils ne se cachent pas, font leurs courses à pied rue des Belles-Feuilles. Leur décontraction est telle que j'en viens à me demander si Sarko ne cherche pas à se faire photographier en charmante compagnie pour agacer sa Cécilia partie. Là encore, aucun magazine n'accepte de publier notre reportage. En revanche, les boys du ministère de l'Intérieur commencent à s'intéresser à nous.

Un conseiller m'invite à le rejoindre au Press Club de la rue Jean-Goujon. Ce personnage, que je surnommerai le Sénateur, joue l'entremetteur entre la bande de Sarkozy, les rédac' chefs parisiens et le show-biz. Je ne répondrai pas à sa convocation pressante, car Bruno et moi ne négocions jamais avec des politiques ou leurs intermédiaires. Ils n'ont d'ailleurs que rarement besoin de faire pression sur nous, se contentant d'intervenir auprès des directeurs de rédaction ou des patrons de presse, des interlocuteurs bien plus réceptifs, évitant ainsi de pénibles coups de téléphone. Nos interlocuteurs sont uniquement les directeurs de journaux, jamais ces relais du pouvoir.

Deux ans plus tard, je croiserai le Sénateur, lorsqu'il rejoindra Sarko à l'Élysée. Il ne cessera de tout mettre en œuvre pour m'exclure du cercle des amis que compte le nouveau couple Carla-Nicolas. Il y parviendra, inventant à mes dépens des histoires fausses et vulgaires. Tout comme Guillotin finit guillotiné, le Sénateur se fera éjecter de l'Élysée. Un exil forcé qui a dû lui rappeler ce jour lointain, où Jacques Chirac fit arrêter le convoi présidentiel en rase campagne pour l'abandonner en plein champ, lui intimant de ne plus jamais croiser sa route. D'ailleurs lorsque, des années plus tard, Bernadette Chirac viendra rendre visite à Carla, nouvelle First lady, elle exigera du protocole de ne pas croiser le Sénateur, alors encore en poste. Ce qu'elle obtiendra.

Revenons-en à nos moutons. Nous ne lâchons pas la nouvelle aventure féminine du Zident. Nous sommes prévenus d'un déjeuner du couple chez Diep, rue Pierre-Charron, puis d'un week-end à Venise, ou encore d'un dîner chez Tong Yen, rue Jean-Mermoz, ou encore d'un séjour à l'île Maurice. Nous y retrouvons Nicolas Sarkozy avec cette journaliste du *Figaro*. Peu après, nous lui découvrons une nouvelle liaison journalistique. Cette dernière se retrouvera d'ailleurs propulsée journaliste-star, métier pour lequel elle présentait certainement de grandes compétences professionnelles.

*

* *

Les histoires d'amour sont belles. Sur un banc, une plage, dans un parc, deux amoureux s'étreignent. Il lui offre des fleurs, lui saisit la main, la caresse. Elle relève sa mèche de cheveux, tend sa gorge, offre ses lèvres. Chez les fameux, ces commencements se cachent plus férocement encore qu'un compte en Suisse ou qu'un bouton sur la fesse gauche.

J'ai connu Carla Bruni lorsqu'elle avait seize ans et débutait sa carrière de mannequin. Nous passions nos nuits naviguant entre le Bus Palladium, les Bains-Douches, l'Élysée-Matignon, le Palace ou chez Castel. À l'époque, nous sortions avec une bande de filles, Rapha, Maria, Johanna, Sofia et… Carlissima. Si tu t'appelais Josette ou Bernadette, aucune chance de faire partie de la jolie bande. Nous étions les rois de la nuit, joyeux indiens occupés à faire la nouba en claquant notre oseille, table ouverte. Et toujours une oreille qui traîne pour glaner des renseignements, des mines d'or recueillies mine de rien. À cette époque de bringue, la future First lady était beaucoup plus sage que ce que ses biographes autoproclamés ont pu écrire. Elle commençait sa carrière et planifiait sérieusement son avenir, tandis que nous ne pensions qu'à déconner, faire la fête et surtout à ne pas nous fatiguer en bossant trop. Carla était la première couchée, quand nous ne regagnions notre loft de la butte Montmartre qu'à l'aube pour y continuer la fête ou bien y regarder, pour la soixante-douzième fois, *Voyage au bout de l'enfer*, sur un magnétoscope (luxe inouï à cette époque). Cette histoire de chasse et de guerre me fascine, surtout la scène finale lorsque de retour du Vietnam, De Niro tient en joue le cerf qu'il a traqué plusieurs jours. La bête semble s'offrir en sacrifice, mais De Niro tire en l'air. Un jour, lassé de chair fraîche et d'étoiles filantes, je deviendrai végétarien. Je poserai mes Nikon et je filmerai sur mon téléphone les vacances d'été de mes petits-enfants. Nous n'en sommes pas encore là…

Fin 2007, la rumeur concernant ma copine Carla se précise jusqu'à se révéler incroyablement vraie. Ne voulant pas ternir notre longue amitié, je laisse un temps mes confrères essayer de choper les premières images. Las, ce métier est un virus, une drogue, et n'en pouvant plus d'attendre, je m'autorise à passer près de chez elle à Auteuil. Nous sommes un samedi matin et je suis surpris de constater qu'aucun journaliste ne « fait la planque ». Je m'installe. Quelques heures plus tard, un convoi présidentiel quitte le quartier. Empruntant les quais de Seine, il traverse tout Paris. Je le suis en mobylette jusqu'à l'autoroute de l'Est, porte de Bercy. Je m'interroge ; sur l'autoroute A4, il n'y a aucun aéroport, ni de gare. Je cogite. Je sais que Nicolas est déjà allé chez Mickey. Carla également. Ils ont chacun des enfants en bas âge. Pourquoi ne pas pousser la mobylette jusqu'à Marne-la-Vallée malgré les moins douze degrés ambiants ? Congelé, je file vers le monde merveilleux de Disney. En arrivant devant l'hôtel Disneyland, je tombe sur le convoi présidentiel, sagement garé. À ce propos, je n'ai jamais compris pourquoi les responsables de la sécurité laissent le dispositif, c'est-à-dire les véhicules, motos et voitures suiveuses, devant les lieux où leurs patrons sont censés évoluer discrètement. En l'occurrence, cette bizarrerie m'arrange. La nuit commence à tomber, les millions d'ampoules du royaume magique clignotent et la musique incessante produit sur moi l'effet voulu par la firme américaine, elle anesthésie mon cerveau. Avant de sombrer dans une hébétude complète, je me rends compte que la grande parade démarre dans une heure et demie. Je dois bouger.

Des milliers d'enfants hystériques, accrochés aux basques de leurs parents, photographient le défilé de Mickey, Donald, la Belle au bois dormant et le chariot du Pirate des Caraïbes, tandis que les VIP assistent à la parade, postés de l'autre côté de la rue principale. Je me mêle à la foule, touriste parmi les touristes, à ceci près qu'à la place d'enfants criants je ne promène que mon Nikon silencieux. Grâce à lui, je saisis cette image incroyable du président Sarkozy avec ma copine. Je suis mal à l'aise, le télescopage n'est pas commode. Le lendemain matin, je me pointe dans le hall de l'hôtel, mes appareils en bandoulière, et j'appelle ma Carlouche sur son portable pour l'avertir que je suis là. Elle me répond, super décontract' :

— Mon Pascalou, on ne cherche ni à se cacher ni à s'afficher.

Mon attirail éveille l'intérêt des *bodyguards* de chez Mickey, qui veulent m'expulser, alors que les superflics du GSPR me réconfortent en m'assurant que ma présence ne les dérange nullement.

Mes images feront le tour du monde et les ventes de *Match* exploseront le jeudi suivant. L'histoire à peine plausible est pourtant véridique : un président en exercice, plaqué à peine élu, emménage avec un top-modèle connu dans le monde entier au bras duquel il s'affiche hilare à la grande parade de Disney ! Quel métier.

Carla ne s'est jamais mariée, mais avec Nico, comme le Zident le clamera lui-même, « c'est du sérieux ». Faraud, Nicolas lance, lors d'une conférence de presse : « Ce ne sont pas les journalistes qui m'indiqueront le jour de mon mariage. » Le couple décide de convoler dans l'intimité, leurs invités respectent les consignes de discrétion. Personne ne sait où et quand auront lieu les noces présidentielles. Personne… sauf moi.

Saucisson, je vais te raconter précisément le cheminement de cette info. Carla n'a prévenu qu'un cercle très restreint d'amis fidèles, mais dans cette chaîne muette sa maman, trop bavarde, sera le maillon faible. Tellement heureuse de marier sa fille à un président (quelle maman ne le serait pas ?), elle le raconte à une vieille amie. Laquelle le répète à sa cousine germaine qui, justement, cherche une idée de cadeau pour son neveu pigiste à *Match*. Le jeune gars s'empresse de ramener l'info au canard et débarque dans le bureau du boss.

Seulement, notre direction vit une guerre civile. Deux patrons se disputent la tête de la rédaction. Le nouveau président du groupe Lagardère, exfiltré de chez un opérateur téléphonique, connaît la presse autant que moi la mécanique quantique. Pour marquer son règne, il a placé à *Match* un ancien du *Parisien*, surnommé Moustache. Lorsque le pigiste lui présente l'info, confiée par sa tante, Moustache lui répond d'un air sceptique que « si l'information est arrivée à son niveau, elle aurait dû nous parvenir avant ». Curieux, ce type qui imagine que les scoops arrivent jusqu'aux patrons de presse posés sur un plateau sans même effleurer les oreilles des journalistes. La fuite arrive illico sur mon téléphone portable : « Mariage à l'Élysée, samedi matin. » Or, qui sait planquer le palais de la présidence ? Bibi. À notre actif, nous y avons piégé deux présidents, François Mitterrand et Jacques Chirac. Lorsque ce dernier croisait le patron de *Match*, il ne manquait pas d'ironiser sur « le photographe perché sur son arbre en face de mon bureau ! » Il n'imaginait pas qu'en fait d'arbre, j'étais tranquillement installé dans un salon privé, les doigts de pied en éventail, dégustant des ravioles de homard avec quelques bulles de champagne millésimé... Ce que je vais te révéler, Saucisson, relève du secret défense. Mais la soixantaine arrive, je déclasse mes dossiers. Voici donc pour toi en exclusivité mondiale et planétaire, l'adresse du lieu de la planque d'où depuis 1982, je piège tous les présidents assis dans leur bureau : 10, avenue des Champs-Élysées, 1er étage à droite. Dans le salon Élysée du restaurant Lenôtre. Garde cette info pour toi, Saucisson, et surtout ne la répète à personne.

Pendant trente ans, Bruno et moi, nous nous sommes fait passer pour des photographes réalisant un reportage, un long reportage, sur l'architecture du toit du Grand Palais. Dans ce salon privé, nous posions nos Nikon sur pied face à la perspective imprenable sur le toit de verre de l'édifice. Convaincus d'avoir affaire à des esthètes, les serveurs frappaient avant d'entrer et nous apportaient nos repas sur la pointe des pieds. Dès qu'ils quittaient la pièce, nous retournions nos objectifs à 180 degrés. Face à nous, une vue imprenable sur le Château : l'entrée du Coq, celle de la rue de l'Élysée, le jardin et la façade. Au rez-de-chaussée, le salon Napoléon, au-dessus les trois fenêtres du bureau présidentiel et sur sa gauche, le salon des ambassadeurs. Seul inconvénient, dès le printemps, un épais rideau de feuillages obstruait le panorama, nous empêchant de profiter de cette planque. Pendant des années, les employés du restaurant Lenôtre ont accueilli en confiance notre étrange duo de photographes, réalisant un même et unique sujet entre octobre et mars, et ce de préférence en période de crise gouvernementale, d'heureux événements ou de rencontres secrètes.

Mon amie Carla m'offre sans le savoir un joli cadeau en se mariant un 2 février au Château. Alors que nos concurrents dorment, le premier mariage présidentiel de la Cinquième République se déroule en direct sous nos yeux. Vers 14 heures, une Austin Mini sort par la grille du Coq et se dirige vers la place de la Concorde, empruntant l'avenue Gabriel en sens interdit. J'appelle Carla sur son 06. Surprise, madame Sarkozy décroche :

— Allô, Pascalou ?

— Je ne te félicite pas pour le sens interdit !

— Mon Pascalou, mais où es-tu encore caché ??

— Dis, pourquoi n'as-tu pas invité Rapha ?

— Elle est tranquillement avec son amoureux à Étretat. Je ne voulais pas la déranger.

Le lendemain, je me promène, quelques Nikon sous la doudoune, dans le parc du château de Versailles, au fond duquel se cache la Lanterne, la nouvelle résidence du président, que Sarkozy a gaulée au Premier ministre. Il est vrai que le château de Souzy-la-Briche, domaine réservé du président, était beaucoup moins attirant que ce gracieux pavillon de chasse, installé à un quart d'heure de Paris. Vers midi, les jeunes mariés se baladent le long du grand canal, me laissant tranquillement faire mes images de leur « bonheur ».

Peu après, Carla m'appelle et me propose de venir à l'Élysée afin d'immortaliser son arrivée et son installation dans ses appartements privés. La nouvelle première dame m'emmène de la cave au grenier, en passant par les cuisines. *Match* publie ces douze pages. Elle me présente officiellement à Nicolas. Bien que cette rencontre soit chaleureuse, je demeure méfiant. Sait-il que c'est moi qui ai photographié Attias et Cécilia à New York ?

Un jour, alors que je roule sur mon scooter, je reçois un coup de fil de Carla :

— Pascalou, c'est vrai que la portée de tes téléobjectifs est de plusieurs kilomètres ? Nicolas ne me croit pas... Attends je te le passe.

Je lui réponds en lui livrant un rapide calcul de mathématique optique.

— Pour photographier la tour Eiffel de sa base à son sommet avec mon Nikon 1 200 mm, il me faut reculer de 32 kilomètres.

Il est sidéré et je sens sa voix marquer une légère inquiétude. Quelques semaines plus tard, les époux partent pour la première fois en vacances au cap Nègre, dans la propriété familiale des Bruni-Tedeschi. Un an durant, nous publions ensemble une demi-douzaine de reportages exclusifs. Carla et Nicolas m'emmènent dans leur avion vers New York pour immortaliser son discours à la tribune des Nations unies. Un voyage qui n'améliore pas mon estime envers les journalistes de presse écrite. Le correspondant de *Libération* publie un article, racontant comment Carla profite de ce voyage officiel pour faire ses courses dans les boutiques les plus luxueuses de la Grosse Pomme. Or, je ne les ai pas quittés du séjour et je sais que la seule boutique qu'elle ait visitée était celle de l'hôtel pour rapporter une peluche à son fils Aurélien. En revanche, nous avons parcouru le Guggenheim, le Brooklyn Museum et le Metropolitan.

Leurs voyages officiels connaissent un succès inédit. Dès que Carla accompagne son mari, l'avion de la presse est en surbooking. Quant à moi, je voyage dans l'Airbus One. Depuis John Fitzgerald et Jackie Kennedy, jamais autant d'images d'un couple présidentiel ne furent publiées dans les journaux du monde entier.

Lors du sommet du G8 de 2008 au Japon, je vais réitérer l'expérience vécue au Canada, sous la présidence de Chirac. J'ai pris soin de montrer à Franck Louvrier, alors conseiller pour la communication de Sarkozy, cet ancien reportage en le défiant. Arriverait-il à me permettre de photographier ces rencontres dans un cadre aussi intime ? Piqué, le dircom relève la gageure. Comme je suis collé à ses basques, Nicolas me présente à Angela, George W., Tony et tous ses potes comme étant le *best friend* de Carla. Les photos sont incroyables, elles occuperont une dizaine de pages dans *Match*. Mais cette époque faste s'achève. Des confrères jaloux se plaignent de notre proximité qui les défavorise. L'ambiance se crispe d'autant plus qu'on fait reproche au président d'exercer son mandat en surmédiatisant ses moindres faits et gestes. Je rigole doucement car les mêmes se plaignaient voici peu du manque d'images offertes par le président Chirac. Ils auront gain de cause, mon aventure se termine. La légende d'Icare se révèle exacte ; à trop t'approcher du soleil, tu te crames les ailes !

Texto d'Agnès : « Tu n'en as pas marre de traîner avec Sarkozy ? » Je lui réponds : « Il est comme moi, on a le même âge. On adore fumer des cigares, bouffer du chocolat, on ne boit pas d'alcool. On l'appelle Carlita. Et en plus… on a mis longtemps à trouver la femme de notre vie… Quand est-ce que je t'emmène à New York ? » Sa réponse fuse : « Tu m'énerves : –) »

Je regarde par la fenêtre. Elle me manque.

CHAPITRE QUATRE

Mitterrand, le plus rusé des Zidents

Tonton n'aime pas que je le photographie de dos. Mais il sait bien comment nous manipuler afin que nous ne regardions que dans la direction qu'il a choisie. Jusqu'au jour où, père secret d'une enfant cachée, il nous laissa faire, entre deux autobus s'arrêtant au feu rouge. Récit d'une course-poursuite entre un Zident malin et un paparazzo qui voudrait le devenir.

J'étais né quand de Gaulle prit le pouvoir. Je faisais la foire chez les curés de mon pensionnat ou des ronds dans l'eau dans ma Bretagne lorsque Mai 68 secoua les pavés. En 1981, j'ai à peine vingt-cinq ans et je regarde la scène politique d'un œil amusé. Le rédac' chef me prévient que Mitterrand se promènera sur les quais cet après-midi avec Attali et son chien Baltique. Le candidat socialiste prépare son face-à-face télévisé l'opposant à

Giscard, le président en poste. Quand même, *Match* dispose de sacrés tuyaux. Si ce n'est Attali qui nous a prévenus, cela ne peut être que le clébard présidentiel... La rue de Bièvre, où habite Mitterrand, est une petite ruelle étroite entre le boulevard Saint-Germain et la Seine. Les voitures n'y passent pas. Les flics ainsi que des myriades de journalistes et de photographes y pullulent, en planque depuis un mois. Ils se connaissent tous. Je suis le nouveau, l'intrus, le bizuth.

J'essaye de copiner, mais on me presse le nez pour obtenir des infos. Je les sens suspicieux, jaloux. « *Match* les prend au berceau maintenant », ricanent les briscards. Ils ne me donnent aucun renseignement. Nous échangeons nos silences. Je m'assois dans un coin éloigné comme un gamin puni. Pierrot, le chauffeur de Tonton, qui fait également office de garde du corps et parfois de porte-parole privé, apparaît. Il palabre avec les photographes. Je n'entends rien, je suis placé trop loin. Ainsi convaincus qu'il ne se passera rien, tous décident d'aller boire un coup. Le dernier à partir me tape sur l'épaule :

— Allez, je t'invite. On le connaît, Mitterrand, il va se rendre directement à la télé. Pierrot vient de nous le dire. Ça ne sert à rien de poireauter là.

— Dans ce cas, je vais rentrer chez moi, dis-je. Merci pour l'invitation.

Il rejoint la troupe et je m'éloigne en faisant le tour du pâté de maisons, puis me poste au bout de la rue presque vide. Bête et discipliné, on m'a dit que le labrador allait pisser, soutenu dans cette épreuve par son maître, alors je fais le guet. On m'a dit qu'ils iraient sur les quais, je vais sur les quais. Tout à coup, j'aperçois Pierrot ouvrir la porte, pointer son nez, scruter la rue. Coup d'œil à droite, à gauche, la voie est libre. Mitterrand sort, précédé du chien et suivi de Jacques Attali. Ils marchent vers les quais, ils descendent l'escalier pour rejoindre la Seine, ils paraissent sereins. Je reste au-dessus, planqué entre les échoppes des bouquinistes. À l'époque, j'ai le même blouson que Brando et des santiags en peau de croco. Je suis invisible et je fais mon boulot. Quelques photos, de face, de dos, de profil, de dessus. Ils ne m'ont pas repéré. Il y a bien deux gardes du corps, mais ils ne me voient pas. J'ai l'impression d'être intégré dans le décor, déguisé en arbre ou en réverbère. Le quidam passe-muraille.

Je me rapproche doucement, descends l'escalier. Je shoote Mitterrand de dos, puis Attali, puis le chien. Je fais vite, à la sauvette comme un voleur à la tire. Soudain, je ne suis plus l'envoyé officiel de *Match*, mais un paparazzo parachuté sur une cible avec la mission de rafler un maximum d'images. Ce jeu m'amuse, j'en ferai mon métier. Le labrador, Attali, Mitterrand et moi, c'est un peu comme si nous jouions à « Un, deux, trois… soleil ». Ils finissent par se retourner, je suis repéré. Je ne bouge plus. Les gardes du corps m'entourent, Mitterrand approche doucement, souriant. Il regarde mes appareils, l'air réprobateur. Je m'enhardis :

— Je suis un jeune qui débute, monsieur Mitterrand, j'aimerais bien faire quelques images de vous.

Socialiste et bon prince, le candidat accepte. Il pose avec puis sans son labrador. Avec Attali. Puis Attali avec le chien. Enfin, le chien tout seul. Les touristes, qui passent en bateau-mouche, ne reconnaissent pas leur futur président. Ils photographient Notre-Dame. Mes photos sont publiées. Sur l'une d'elles, on voit Mitterrand de dos, avec Baltique qui gambade, la patte avant levée, la queue dressée.

Je l'aime bien celle-ci. Tonton sur la droite de l'image porte son Borsalino et son manteau trois quarts en cachemire. Son personnage est tellement incarné, qu'il appartient à la catégorie restreinte des personnalités qu'on reconnaît même de dos. À l'époque, les vendeurs d'agence de presse affirment que cette image est une des meilleures photos de lui. Elle est bonne parce qu'elle est vraie. Tonton et moi, on s'est porté chance ce jour-là.

Je découvre que ce métier m'amuse. Le paparazzo est un franc-tireur. Il vole son image, dérobe un instant, arrache au temps une étincelle de vérité, d'autant plus forte qu'elle n'a pas été mise en scène. Il n'est pas un photographe qui se contente d'acheter un tableau de famille sur lequel chacun prend la pose.

Mitterrand est élu. À cette époque faste, *Match* compte dix-huit photographes, qui partent tous en chasse. L'état de grâce du premier président socialiste de la Cinquième République les distrait de Monaco et autres facilités. Les tâches sont réparties, les missions attribuées et tous se dispersent dans Paris. Moi, rien. Que dalle. L'équipe est composée et le sélectionneur me découvrant assis dans le vestiaire me lance :

— Fais-nous des images d'ambiance, Pascal.

Que veut-il que je fasse ? Des images d'ambiance ? Taper dans les mains ? Agiter un petit drapeau bleu-blanc-rouge lors du passage du cortège officiel ? Même pas en rêve ! Je me pointe à l'Élysée. Les photographes ont un badge « pool », qui leur permet d'entrer. Le « pool » est une sélection de photographes issus de divers médias, qui disposent de l'exclusivité du reportage et qui, en contrepartie, ont le devoir moral de distribuer leurs images à leurs confrères évincés du cercle. Ce qu'ils oublient systématiquement de faire. Je dois néanmoins avoir une tronche en forme de badge « pool », car je pénètre à l'Élysée comme dans un moulin. Je n'écoute pas le responsable du Palais choisir les angles en entassant mes confrères sur les gradins déployés dans la cour. Je remarque une grosse caméra de l'ORTF, fixée en haut de l'escalier. Elle me donne une idée. Être le seul à photographier le contrechamp donnera forcément une image différente. Les photographes s'empilent sur l'estrade, comme des

Japonais devant la Joconde. Ils piaffent en attendant la sortie du perdant et de son successeur et donc la fameuse poignée de main officialisant la passation de pouvoir. Soudain, le chaos. Les photographes descendent de l'estrade, ils se ruent en bas de l'escalier, se bousculant, se déchirant, hurlant, s'insultant. Les deux Zidents sortent, ils avancent sur le perron, souriants, l'un d'ailleurs un peu plus que l'autre. Je me faufile en haut des marches entre deux gardes républicains, raides comme des piliers d'église. J'attends que Giscard puis Mitterrand passent. Mes confrères sont en aval, ils auront tous la même photo cérémonieuse et figée. Je me glisse entre les deux gardes et shoote de dos Mitterrand et Giscard tandis qu'ils s'arrêtent, se retournent et se serrent la louche. Champ contrechamp, mon Nikon rugit. Derrière eux, le troupeau de photographes gueule que c'est nul, qu'il faut recommencer. En s'approchant l'un de l'autre, nos présidents ont eu chacun un petit coup d'œil vers le perron. Je suis le seul à avoir immortalisé leur poignée de main historique. Comme ils refusent de recommencer la saynète, la cérémonie s'achève. Je me barre. Les photographes essayent encore de rassembler les deux hommes telle une pyramide d'acrobates écroulés. Je me marre. J'aime de plus en plus ce boulot de chapardeur.

Je file au Panthéon. Au bout de la rue Soufflot, tout le pool de photographes est concentré au même endroit. Comme il m'a été commandé de faire de l'ambiance, je cherche une idée originale. Claude Azoulay, un vieux de *Match* qui m'a fait rentrer au magazine des années plus tôt, est lui dans la crypte, à l'intérieur du Panthéon, sans doute mêlé à un autre pool. Je ne suis jamais entré dans le cimetière des grands hommes, érigé par la patrie reconnaissante comme il est écrit sur le fronton. Zouzou, que je connais depuis le Tchad et mes tout premiers pas dans le reportage, est un bon pro. Il doit être bien placé, aux premières loges.

Je gravis solennellement les marches du monument, faisant la mine qui convient à celui qui a rendez-vous avec la gloire. Le service d'ordre me refoule. Personne ne rentre. « Mais Mitterrand n'arrive que dans deux heures. Je fais juste trois photos. Je n'ai même pas de badge. Je photographie la tombe de Jean Moulin et je m'en vais comme je suis venu. » Les cerbères me dévisagent. Je souris le plus niaisement possible et entre sans me retourner, regardant le plafond comme un touriste. Un coup d'œil à droite, un à gauche, un au-dessus. Pas de photographes à l'horizon, seuls quelques cadreurs de la télévision qui m'indiquent le chemin vers la crypte, un sous-sol où le nec plus ultra de la République française s'est donné rancard pour d'immobiles vacances. Je descends un petit escalier et tombe sur Roger Hanin, le beau-frère de Mitterrand, et Serge Moati, qui réalisent le film de la cérémonie. J'entends quelqu'un avertir la régie qu'« il y a un photographe en vadrouille ». J'ai été facile à repérer car je ne cherche pas à faire le discret, je me balade sur les écrans de contrôle comme un voleur dans un supermarché. Je marche jusqu'à la tombe de Jean Moulin.

— Je suis un jeune photographe, dis-je à un cadreur. Je voudrais bien bosser à *Match* et faire de bonnes photos, c'est ma chance. Où est passé le pool ?

— Quel pool, il n'y a pas de pool ici, me répond le gars.

Je m'approche d'un autre cameraman auquel je demande la permission de fixer sur sa caméra un de mes boîtiers avec du gros scotch. Il accepte de tenter le coup, amusé. Je fixe l'appareil et donne au cadreur un petit déclencheur souple. Je règle tout minutieusement afin d'obtenir un cadrage le plus large possible. J'ai déjà un œil dans la place. Je flâne dans les couloirs. Un autre cameraman m'avertit :

— C'est toi le photographe en liberté ? On t'a repéré. Le service d'ordre arrive pour te virer.

— Je ne fais rien de mal. On est en République ou pas ? Surtout ici !

— Attends, mets le casque, dit le cadreur en se marrant. Fous-toi derrière la caméra, tu auras l'air d'un vrai.

Gonflé et sympa le gars. Il a tous les badges officiels de l'artiste d'État, mais ce buffet froid l'emmerde, alors il préfère jouer avec moi. Je me place derrière sa caméra aussi à mon aise que si je pilotais un sous-marin. C'est une grosse bécane de la télé. Les types du service d'ordre arrivent, gros bras, petits yeux. Ils examinent les badges du cameraman, s'approchent vers moi, je garde l'œil collé au viseur et marmonne :

— Bougez-vous les blaireaux, Roger Hanin arrive pour la répétition.

Ils partent en grommelant. Sur ces entrefaites, Roger Hanin nous rejoint, moins gorille que ses hommes. Il m'explique tous les plans qu'il désire. J'opine, l'air concentré. Le vrai cadreur, posté à mes côtés, écoute attentivement.

— Le président arrive par là, tu seras en plan large sur la porte. Une fille est cachée derrière la porte, elle lui file une rose. Il ne va quand même pas se balader là-dedans un grand bouquet dans les bras, tel un manouche dans un bistrot. Hein ? Tu zoomes sur lui, il se recueille, il pose sa fleur. Zoom avant, zoom arrière.

Je touche un frein du pied de la caméra et la voici qui pique en avant. Le tout bascule comme une balançoire, le cadreur, livide, redresse son engin et me supplie de ne surtout toucher à rien. Roger Hanin me regarde inquiet et suspicieux, je lui explique que je suis tellement ému et surtout socialiste depuis le berceau. Il se marre et me demande de me détendre. Je l'assure qu'il n'y aura pas de problème. Hanin se barre et Azoulay arrive.

— C'est quoi ce foutoir ? Ils sont où les photographes ? lui dis-je en ôtant mon casque, alors qu'un figurant, une doublure du président, se met en place pour la répétition.

— Qu'est-ce que tu fous là, toi ? Je te croyais dans un bal populaire, un concert de quartier.

— Il n'y avait pas assez d'ambiance… Je suis venu te voir, rejoindre le pool.

— Mais c'est bidon l'histoire du pool, du badge. Ça n'existe pas.

— Je suis comme les autres alors ? Chacun pour soi ?

— Bah, puisque tu es là, reste. Ne fais pas de conneries. Je vais me planquer dans le hall, c'est imposant, je ferai un plan large avec François en minuscule.

Il l'appelle François car Zouzou est socialo, un vrai lui, il connaît bien Tonton. J'aime mieux mon idée, mais Azoulay n'a pas, comme moi, vu la répétition sur les écrans de contrôle. La porte, la rose, la tombe de Jean Moulin. C'est beau. C'est simple. Ça dit tout. Efficace comme une réclame pour les pompes funèbres.

Mitterrand entre. La dignité lui sied. N'étant équipé ni d'un appareil silencieux, ni d'un Leica, je le mitraille avec mon vieux Nikon. Dans la retransmission télévisée, on entend le ronronnement de son moteur. Mitterrand se recueille. Il entend le bruit, jette un bref regard dans ma direction. Il ressort. C'est allé très vite, je le soupçonne d'avoir bâclé son Notre Père. Je le suis tandis qu'il rejoint Mauroy, Jospin, Fabius et tous les barons du socialisme. Mitterrand reçoit une nouvelle rose pour la sortie. Je retrouve mon Zouzou qui m'explique photographier en couleur et m'intime de passer en noir et blanc, « mieux pour l'aspect solennel, ça fera moins mascarade au Panthéon ». On sort parmi les hiérarques socialistes qui suivent le nouveau président. On shoote en contrechamp Mitterrand face à la foule. Énorme, grandiose, superbe. LA photo qu'il fallait faire. J'en ai des frissons. Dans notre cadre, on immortalise les autres photographes, qui sortiront verts sur les images en couleur d'Azoulay. Verts tellement ils sont énervés de découvrir que nous étions dedans, dans le secret de l'Histoire, en communion directe avec l'événement.

Le lendemain dans l'ascenseur du journal, Roger Thérond, notre big boss, se fend d'un compliment :

— C'est bien Rostain, c'est un bon numéro pour vous, la photo sur les quais avec le chien, la poignée de main à l'Élysée, la tombe de Jean

Moulin avec la rose, et Mitterrand de dos face à la foule. Continuez !

Continuer certes, mais je n'allais pas photographier un nouveau président une fois tous les sept ans. J'ai le déclic au bout des doigts.

La photo officielle de François Mitterrand, style musée Grévin, figure dans toutes les mairies de France. Je ne l'ai pas faite. Le jour de la prise, touché malgré moi par l'état de grâce socialiste, je me suis contenté de rêvasser à mon métier nouveau, à tout un septennat de scoop volés, de stars en colère ou de baisers furtifs. Désormais, je bosserai comme je l'entends. Plus de patins aux pieds pour écraser les plates-bandes des autres, je n'en ferai qu'à ma tête.

*

*   *

Noël 1983, tandis que Paris enguirlandé s'amuse, mon pote Bruno et moi projetons une virée dans le Sud-Ouest, à Latché dans les Landes, là où le président passera la fin de l'année. Nous concoctons un reportage, genre Mitterrand relax, Tonton tennisman, Tonton randonneur, Tonton cycliste. Le journal accepte volontiers, c'est encore la belle époque, celle des finances généreuses et des prises de risque. On ne refuse rien à ceux qui veulent bosser.

— Foncez.

Nous louons ce qu'il faut pour foncer soit une grosse Merco de rappeur. Et débarquons à Latché, une ancienne bergerie retapée en petite maison landaise, à quelques kilomètres du village. Des pins, des ânes, des prairies et la gendarmerie installée dans les champs alentour. Pas facile d'écarter les mailles du filet. Après avoir montré nos cartes de presse aux gendarmes, on campe très officiellement au village. On installe nos trépieds, nos téléobjectifs de 1,20 mètre et on attend. Deux photographes, frissonnant dans l'air frisquet de la fin décembre, ni plus gênants, ni plus malins que les troupeaux d'ânes broutant dans les prairies. Le réveillon de Noël s'écoule, sans aucun mouvement du côté de la maison présidentielle. Le matin du 28 décembre, les deux gros hélicoptères frelons du Zident se posent dans un pré avoisinant. Une heure plus tard, Mitterrand sort dans le jardin, bientôt rejoint par Roger Hanin. Ils montent dans une Méhari, que Tonton conduit, suivie par les VO, les voitures des voyages officiels. À Soustons, le bourg le plus proche, les deux vacanciers achètent les journaux. On fait les photos dans la rue, près de la librairie, puis je rentre dans le bouclard pour m'approcher de ma cible. Mitterrand repose très vite le *San Antonio* qu'il feuilletait et saisit un atlas géographique aux commentaires moins truculents. Hanin nous arrête aussitôt. Très copain, collègue, pro :

— Soyez sympas les gars, le président n'aime pas qu'on le photographie au téléobjectif. Et surtout pas de dos. Choisissez plutôt un 50 mm ou un 80 mm.

— Ayez confiance, lui dis-je, arborant mon meilleur sourire.

On sort de la librairie. On le shoote au 20 mm et au téléobjectif. De face, de dos, de profil. Il vient vers nous, la main tendue. On lui serre la pogne.

— Alors vous êtes photographes ?

— Euh… Oui, monsieur le président, de jeunes photographes indépendants qui débutent.

— Très indépendants même il me semble…

— Oh… On vient juste de Paris. Ce serait bien pour nous de faire des photos. Vous savez, ce sont toujours les grosses agences ou les grands magazines style *Paris Match* qui travaillent, c'est dur pour les jeunes de faire leur trou.

Mitterrand m'interrompt :

— Dites-moi, Pascal Rostain, ça fait combien d'années que vous êtes un jeune photographe qui débute ?

Je suis totalement estomaqué. Le Zident qui me sort mon blase ! Comment peut-il me connaître ? Il ne se souvient tout de même pas de notre séance sur les quais de Seine. Il m'observe, amusé devant ma tronche déconfite. Je comprendrai plus tard que les flics se sont renseignés en tapant l'immatriculation de notre bagnole au fichier. Ils savent qui nous sommes, ce que nous voulons et pour qui nous bossons. Mitterrand se penche alors sur nos appareils sophistiqués, il passe en revue mes santiags en cuir d'autruche, la Mercedes garée derrière sa Méhari. Dans le genre traîne-savates et crève-la-faim, on a déjà fait plus convaincant.

— Hé bien, vous avez fait des photos déjà ? C'est bien. Il fait beau n'est-ce pas ? remarque le chef de l'État.

— Oui, oui. Et puis c'est Noël… On aimerait bien photographier le Noël du président. Le sapin, la crèche, le foyer, la famille, les petits-enfants sur les genoux.

Le président nous fixe, silencieux. Un brin abasourdi par notre audace. Puis, il reprend la parole :

— Les Rois mages n'arrivent que le 6 janvier… En attendant, si vous vous postiez en bas du chemin avec votre gros zoom et que je sorte faire un petit tour …

— D'accord, merci Tonton ! Super !

Bruno et moi rejoignons notre voiture. On sait que Mitterrand n'est pas dupe de notre numéro. Malin comme un chat qui ronronne, il nous a piégés en nous accordant une miette de reportage, dont il a fixé lui-même les règles. On s'installe avec le matos en bas du chemin. Tonton ne nous fait pas attendre, le voici qui sort avec Danielle, sa femme, Gilbert et Jean-Christophe, ses fils. Ils viennent vers nous, nous laissent un peu de temps pour les shooter et repartent d'un pas lent. Nous sommes piégés, roulés dans la farine. Nous voulions voler un morceau de roi, le surprendre, le manipuler et c'est lui qui nous fait l'aumône d'un cliché à deux balles. Trop fort Tonton !

Le soir, on téléphone à *Match* en expliquant à grands cris combien nous sommes de grands pros mais que le coup est impossible, tant Mitterrand est retors, barricadé. Certes, nous allons tout tenter, mais cela sera excessivement délicat. À tout le moins, il nous faut envisager plusieurs jours, plusieurs nuits de planque inconfortable. Au passage, on réclame qu'on nous envoie de l'oseille, afin de soudoyer un paysan voisin. Le message passe. On remballe tout et on fonce direction Biarritz et son casino, ses palaces, le doux soleil d'hiver, les cigares, le whisky et les petites pépées. Un vague spleen nous ronge tandis que, vautrés dans deux transats posés face à l'océan gris, nous somnolons sur la plage déserte. Je pense aux répliques de Michel Audiard et à un de ses chefs-d'œuvre, un de mes films fétiches : « Si la connerie n'est pas remboursée par les assurances sociales, vous finirez sur la paille. » Et celle-ci :

« Tu vois, même si c'était à refaire, je crois que je t'épouserais de nouveau. Mais tu m'emmerdes.

— Albert !!!

— Tu m'emmerdes gentiment, affectueusement, avec amour, mais tu m'emmerdes. »

Allez, une petite dernière pour la route : « Messieurs, votre accueil me bouleverse mais vous ne sauriez égarer mon jugement. J'ai tout de même pas mal voyagé, ce qui me permet de vous dire en connaissance de cause que votre patelin est tarte comme il n'est pas permis et qu'il y fait un temps de merde. »

Deux rentiers du reportage, deux privilégiés, deux singes en hiver. Il est temps de se secouer.

De retour à Paris, nous présentons nos photos, qui sont jugées crédibles, bonnes et insuffisantes. François, sa petite famille, son beauf, rien de fameux. La faute à personne, si ce n'est à nous-mêmes. On jette nos charentaises de luxe et on repart, pieds nus, sur le sentier de la guerre.

Des années plus tard, alors que nous ferons des photos des vacances de Tonton à Venise et à Assouan, entouré de sa deuxième famille, nous comprendrons que, cet hiver 83 à Latché, il nous a manipulés pour obtenir que

Match publie les images du réveillon de Noël du président. Mascarade, car en fait il ne passait avec Danielle, ses fils et leur famille que la Saint-Sylvestre à Latché. Les fêtes de Noël, il les partageait avec Mazarine. Mais nous n'en sommes pas encore là.

Mai 1994, nous marchons quai Branly accompagnés d'un ami, un ancien journaliste, qui nous jure voir le Zident sortir d'un immeuble tous les matins très tôt au côté d'une jeune femme blonde. Devant l'insistance de notre pote, nous décidons tout de même d'aller y traîner nos santiags à l'heure du laitier. Deux types sont postés à un arrêt de bus mais ne montent dans aucun bus. Deux autres patientent dans une 309 GTI blanche. Un peu plus loin, deux motards à l'arrêt. Ça ressemble au Groupe de sécurité de la présidence de la République. Nous n'avons guère plus de temps pour contempler le dispositif de surveillance, nous sommes neutralisés, plaqués au sol, des balèzes agenouillés sur notre dos. L'un d'eux plonge la main dans la veste de Bruno et lui arrache son portefeuille.

— Ah, monsieur Mouron, vous êtes journaliste ? Qu'est-ce que vous faites ici ? Vous travaillez pour qui ?

Bruno explique aux malabars que nous bossons pour tout le monde et pointe un kiosque à journaux en leur proposant d'aller vérifier que nos photos sont effectivement dans tous les magazines. Les gars s'en fichent, ils ne négocient pas :

— Qu'on ne vous retrouve plus dans le coin. Dégagez !

— Pas de problème : on a la confirmation de ce qu'on cherchait !

L'échange est violent. Un costaud, qui me maintient toujours sur le bitume, se montre explicite :

— Si tu es là pour ce que je crois, journaliste de merde, un conseil, dégage. Moi, quand on me cherche on me trouve.

— Mais pas du tout, je suis avec le mec, là. Je suis en train de le draguer… D'ailleurs, si tu veux venir avec nous…

En repartant, Bruno et moi faisons la tronche. Non pas parce que ces armoires de bac à sable nous ont intimidés, mais parce que désormais nous sommes grillés. En arrivant la fleur au fusil, sans prendre la moindre précaution, nous nous sommes fait repérer comme des débutants. Trois heures plus tard, un copain du *Figaro* nous confirme par téléphone l'étendue des dégâts. Il est dans le bureau de Nathalie Duhamel, l'une des attachées de presse de l'Élysée. Laquelle vient de recevoir un fax ainsi libellé : « GSPR. Demande d'information sur Bruno Mouron et Pascal Rostain. Attitude suspecte devant le domicile du PR. » Persuadé que nos téléphones ont été placés sur écoute, j'essaye de minimiser nos infos. Sachant que les pieds nickelés du renseignement français retranscrivent toutes nos conversations, j'appelle à dessein ma mère en Bretagne pour lui raconter l'histoire : « Des flics nous sont tombés dessus. De toute façon, c'est un truc qui n'intéresse personne. On se remet vite sur Caroline de Monaco ! » Nous laissons passer quinze jours puis nous remettons au travail. Nous nous installons sur les quais de Seine, au dernier étage, en face de l'immeuble d'où sort Mitterrand, dans l'appartement d'un couple. Chaque jour, on lui glisse un ptit biffeton de 500 balles pour passer la matinée dans son salon. Le téléobjectif braqué sur le porche du 11, quai Branly.

Tous les matins, la scène se déroule à l'identique : Pierrot, le chauffeur de Tonton, débarque avec le carrosse présidentiel, le Zident s'y engouffre pour partir à l'usine. Manque de veine, les feuilles des arbres plantés le long des voies sur berge nous masquent l'image attendue. Afin de faire disparaître ce rideau végétal, nous échafaudons alors un scénario aussi délirant que stupide. J'appelle un pépiniériste auquel j'explique que je suis chef décorateur sur un tournage de film. Or, nous préparons une scène dans un jardin et nous voudrions filmer la même scène mais sans feuilles aux arbres. Existerait-il un produit miracle ? Le pépiniériste me parle de sulfate de cuivre, mais me prévient que le tronc et les branches risquent de bleuir. Compliqué. Bruno et moi envisageons alors une opération commando-suicide. Nous passerions la nuit, à deux sur une moto, le passager serait équipé d'une tronçonneuse avec laquelle il scierait les arbres. Pas très commode. Nous nous calmons et décidons que le plus simple consiste peut-être à attendre tranquillement l'automne.

Septembre arrive, et à 6 heures tous les matins, dans notre appartement perchoir du pont de l'Alma, la valse des biffetons de 500 balles reprend. Toutefois, hormis quelques photos de Tonton montant dans sa voiture, ou de Pierrot qui fait pisser Baltique, le résultat est maigre. Pour bien situer l'appartement du Zident, nous photographions le pâté de maisons depuis le haut de la tour Eiffel. Et bricolons ainsi dans *Match* un sujet, dont le titre « Dernier domicile connu » n'est pas pour déplaire à Bruno, mon associé cinéphile et fan de Lino Ventura et des films de José Giovanni.

*

* *

Un des plus gros scoops de l'histoire de *Match* sera, comme souvent, le fruit d'un coup de bol hallucinant. Sébastien Valiela et Pierre Suu, deux photographes salariés de l'agence que Bruno et moi avons créée, sont en planque devant le domicile d'Isabelle Adjani. Ils ont copiné avec la vendeuse d'un bouclard voisin, ils la font marrer, ils lui apportent des cafés et lui racontent des histoires de cul de stars françaises et internationales, le sésame qui amuse les plus récalcitrants. La vendeuse, voulant à son tour contribuer aux bavardages, leur explique un beau jour que sa gamine fréquente la même classe qu'une certaine Mazarine, qui prétend être la fille de Mitterrand. Aussitôt, nous demandons à nos deux potes de lâcher Adjani et de s'intéresser aux sorties d'écoles. Grâce aux infos de la fille de la vendeuse, ils commencent à faire de très belles photos de Zarine, sosie de son père. L'affaire ne sera toutefois complète que lorsque nous obtiendrons l'image de la gamine avec son Zident de papa.

La lycéenne et sa mère habitent rue Jacob, au-dessus du restaurant Aux assassins. Pendant que Pierre et Seb ne lâchent pas la Zarine studieuse, nous déjeunons avec Jean Montaldo, un journaliste d'investigation, fort en gueule, qui nous balance l'info capitale : Tonton déjeune chaque semaine avec sa fille. Il suffit donc de planquer tous les jours à l'heure du déjeuner et d'essayer de suivre la bagnole du GSPR quand elle viendra chercher l'enfant secret.

Le 21 septembre, la voiture officielle embarque la fillette. Seulement les superflics du GSPR ne sont pas des débutants et Pierre et Seb ont tôt fait de les perdre dans la circulation. Agacés, ils décident de rejoindre notre labo avenue George-V. Ils empruntent le prolongement de la rue Jacob, traversent l'esplanade des Invalides pour prendre à droite vers le pont de l'Alma. Et surprise, sur l'esplanade, devant le restaurant Le Divellec, ils aperçoivent les deux Safrane de Tonton, la 309 GTI blanche, les motos accompagnatrices et la voiture qui est allée cueillir Mazarine. Fébriles, ils nous appellent. On leur indique de se placer très loin, car le système de protection du GSPR est composé de deux cercles concentriques de protection. Dès qu'un individu pénètre entre les deux cercles, il est repéré et pris en tenaille. La seule façon d'espérer passer entre les mailles consiste à se placer au-delà de ce dispositif. Pierre et Seb s'installent à l'opposé de l'esplanade, derrière la balustrade du bâtiment d'Air France, à plat ventre, l'œil collé au monstre, un 1200 mm Nikon, le plus gros téléobjectif jamais construit.

Des années plus tard, Prouteau, le patron du prestigieux GSPR, m'expliquera que ce 21 septembre fut une des rares fois où Mitterrand et sa fille se trouvèrent ensemble sur la voie publique. D'ordinaire, ils prenaient soin d'arriver et de repartir séparément. Ce jour-là, Mazarine, bientôt appelée « la fille cachée de la République », et Anne Pingeot, sa mère, sortent les premières du restaurant. Elles bavardent, lorsque Tonton sort à son tour, s'approche et passe tendrement la main dans les cheveux de sa fille. Cet instant d'intimité donnera à *Match* l'inspiration pour titrer ce reportage inédit : « Le geste de tendresse d'un père pour sa fille. »

Pour réussir un coup, la logique préparatoire ne suffit pas. Certes, il faut, comme le rappelait justement mon maître Pierre Lazareff, de la chance, viatique indispensable à l'exercice du métier de journaliste, mais la coquine est une vagabonde qui ne se laisse pas toujours apprivoiser. Chaque coup est un jeu de hasard. Un pied de nez au destin. Une improvisation radicale. Un chaos total décortiqué et dominé en quelques secondes. Tout se prépare, s'analyse, s'anticipe puis s'écroule, chahuté par des événements, des détails, des anicroches. La psychologie du gibier est insaisissable, elle s'observe mais échappe aux pronostics des chasseurs les plus avisés. En l'occurrence ce jour-là, nous aurons de la veine. Un paquet de veine. Avec le trafic des bus passant devant la cible et s'arrêtant au feu rouge, nous disposons d'une probabilité minime d'y parvenir, à peine quelques centièmes de seconde, le temps de trois photos, pas une de plus. Ce câlin présidentiel fera le tour de la planète.

Nous sommes contents, mais conscients qu'il nous reste encore le plus délicat à négocier ; trouver l'acheteur qui aura l'audace de publier cette histoire. Nous nous rendons à *Match* dans le bureau de Michel Sola, le rédacteur en chef photo, et sortons de notre poche une petite pochette de photos amateur que nous déposons négligemment sur son bureau. Michel Sola est un vieux briscard qui a consacré sa vie au journal. À l'époque, nous ne sommes pas vraiment potes. Quelques années auparavant, il nous a fait virer. Il regarde nos clichés, se lève et quitte la pièce. Des années plus tard, lors des funérailles de Roger Thérond, il nous confiera avoir rejoint le bureau de Patrick Jarnoux, chef des informations, et s'y être littéralement écroulé. Jarnoux pensa qu'il faisait un malaise. Sola ne lui dit pas ce qu'il venait de voir jeté sur sa table, il soupira en s'épongeant le front :

— C'est incroyable ces photos. Je n'ai jamais vu et ne reverrai jamais un sujet aussi fort.

Il se ressaisit. Il eut besoin de cette pause, loin de nos regards, pour masquer sa stupéfaction, son excitation. Il savait que le prix ne serait plus le même s'il manifestait sa stupeur. Il revient. La moue distante, il murmure du bout des lèvres : « Mouais, pas mal, faut voir… » Puis, comme dans un polar à deux balles, Sola demande le renfort de Thérond. À deux, ils seront meilleurs pour déjouer les ruses de notre couple infernal et comme il craint que nous lui demandions une somme indécente, il se protège en se faisant accompagner du directeur.

Roger Thérond, personnage mythique et secret, ne participait jamais aux négociations commerciales pour l'achat d'un scoop. Mais ce jour-là, nous n'apportons pas un scoop, nous posons sur la table un tsunami médiatique. Et nous savons que seul notre sacré Roger est capable de publier l'histoire et d'affronter la déflagration. Je n'ose te dire le prix de vente de ces photos, prix qui fut aussi lamentable que leur répercussion sera colossale.

Peu après l'élection de Jacques Chirac, nous croiserons, sur les Champs-Élysées, Daniel Filipacchi, le propriétaire du journal, qui nous confiera avoir été prêt à payer ce coup un million de dollars, tant il avait compris que cette affaire absolument extraordinaire allait non seulement faire exploser littéralement nos ventes, mais dynamiser l'ensemble de son groupe de presse. Au risque de passer pour un blaireau, je vais te confier, Saucisson, combien j'ai vendu ces photos : 350 000 francs. On est loin du million.

La fin de l'histoire nous sera dévoilée par Frank Ténot, l'associé historique de Daniel Filipacchi. Roger Thérond connaissait l'amitié de Frank pour Roland Dumas, ministre des Affaires étrangères de Mitterrand, et lui demanda de tâter le terrain. Frank invite donc son ami à déjeuner au Pichet, le restaurant du Tout-Paris politique et médiatique, situé en face des locaux de *Paris Match*, rue Pierre-Charron. Gaël, l'aubergiste, me confirmera à plusieurs reprises son récit, lui apportant quelques précisions. Assis à la table numéro 7, Frank Ténot montre une série de photos au ministre. Gaël note que Roland Dumas manifeste quelques signes de nervosité. Une franche pâleur envahit son visage. Les deux hommes se séparent, ils se donnent rendez-vous trois jours plus tard au même endroit.

Entre-temps, Roland Dumas s'entretient avec François Mitterrand, dans le bureau présidentiel. On imagine aisément combien est grand l'embarras du ministre devant aborder une histoire totalement privée et férocement tenue secrète :

— J'ai été contacté par *Match* qui m'a donné ces images.

Mitterrand les regarde. Il les pose. Et dit :

— C'est tout de même une belle histoire.

— Feu rouge ou feu vert, monsieur le président ?

Mitterrand répond :

— La presse sait ce qu'elle doit faire.

Cette phrase élégante, à l'habileté toute mitterrandienne, lui permettra d'expliquer sans mentir qu'il n'a jamais donné son accord à cette publication. Ce à quoi, si la presse faisait son travail, il eût été facile de lui faire observer qu'il n'avait toutefois pas choisi d'en interdire l'impression.

Dans le numéro du 3 novembre 1994, *Match* révèle au monde l'histoire insensée de la double vie d'un président en exercice. L'émotion est immense, la révélation stupéfiante. Je lis et écoute nos confrères français assassiner notre magazine, en invoquant une morale commode censée protéger la vie privée – omettant fortuitement qu'elle a été agencée avec de l'argent public –, tout en reproduisant sans vergogne notre fameuse photo… Je me consolerai en découvrant les éditoriaux du *Times*, du *Guardian*, du *Washington Post* et du *New York Times* qui, unanimement, vilipendent la presse française, attaquant un confrère au motif qu'il aurait publié une histoire vraie, que ces derniers prétendaient connaître, mais qu'évidemment, ils n'osèrent jamais publier.

Coup de fil d'Agnès : « Alors là, tu fais fort, c'est dingue, c'est énorme. Tu ne m'en avais jamais parlé, pas sympa. Tu ne me fais pas confiance. »

Je blêmis, en planque dans mon sous-marin au bois de Boulogne pour notre 72e reportage sur les travelos. Je bégaie, balbutie que Thérond m'a fait jurer de fermer ma gueule. Surtout moi. Agnès s'énerve. Je pensais qu'elle me féliciterait, tu parles… J'essaie de l'amener sur le terrain du scoop, de la révélation, que dalle. En plus, elle trouve cela un peu dégueulasse d'emmerder Tonton sur sa vie privée. Elle a dû lire ou écouter les commentaires de mes confrères. « Je vais t'expliquer toute l'histoire, viens on va bouffer. » Elle raccroche après un « même pas en rêve, salaud ». C'est de plus en plus mal barré. Je lui fais livrer cent roses et attends toujours de ses nouvelles.

CHAPITRE CINQ

La retraite secrète d'un pape en casquette

La chance de saisir le pape, parti prier son employeur divin, auquel il vient de flanquer sa démission, relève d'un audacieux concours de circonstances. Si le chien de Bruno n'avait pas été malade, mon téléobjectif n'aurait jamais pu saisir cette image rarissime. Paparazzi pourrait bien devenir un mot français. Qu'en penses-tu, Giacomo ?

Un rayon de soleil se réfléchit sur les vitres du siège d'Hachette. Bienvenue à Levallois, ses rues à sens interdit et ses têtes d'habitants de Neuilly déclassés. Je gare mon cigare et j'écrase ma mobylette. J'embrasse une fille-de-l'administration-qui-se-prend-pour-une-rédactrice-en-chef, puis traverse un bureau en criant « Salut Saucisson » à cinq pelés, voûtés sur leurs papiers. Personne ne me répond.

Dans le couloir, deux stagiaires dodues me regardent en glapissant. Autrefois, elles étaient mignonnes, admiratives et rigolotes et je ne comprends pas pourquoi aujourd'hui elles sont toutes devenues moches, méprisantes et désagréables. La porte du bureau du patron est entrouverte, je la pousse. Personne.

— Saucisson ?

Derrière la deuxième porte, la salle de conférence. C'est ici que la tête de *Paris Match*, la Breizh connection, cogite et invente nos sujets. Je m'explique : Olivier Royant, le directeur, est originaire de Rostrenen, entre Carhaix-Plouguer et Mûr-de-Bretagne, le cœur du Finistère. Je l'ai connu étudiant à Sciences-po. Il vint en stage et fit son premier reportage avec Bruno et moi, nous avions écumé un mois durant le bois de Boulogne et ses travestis. Depuis ce premier jour, je l'ai vu devenir mon ami, et dérouler en direct sur trente ans une jolie carrière. Il est devenu patron, et je suis toujours dans la rue, occupé à chasser la moindre petite info, à écouter le plus petit chuchotement. Chacun a fait ses choix. Nous fîmes chacun les bons, je crois. Le numéro deux du magazine est également mon ami, Régis Le Sommier. Né à Brest, une grand-mère d'Ouessant, il parle couramment breton et lors de nos promenades en mer d'Iroise, je me régale de ses envolées sur la culture bretonne. Le troisième larron s'appelle Gilou, Gilles Martin-Chauffier, un fils de l'Île-aux-Moines dans le Morbihan. Pour les vrais Breizhous que nous sommes, Olivier, Régis et moi, c'est un peu le VIIe arrondissement de la Bretagne mais on lui pardonne.

Entrant dans ce qui pourrait passer pour une annexe de *Ouest-France*, je découvre deux têtes plongées dans la contemplation d'un ancien numéro de *Match*, dont la collection complète tapisse les murs de la salle de réunion. On y trouve, entre autres, un almanach – non exhaustif – de mes conneries. Le sujet qui, ce matin-là, intéresse les deux patrons est une photo de Jean-Paul II en maillot de bain. Le cliché a été pris en 1981 dans la résidence de Castel Gandolfo, une taule dorée, dans laquelle Benoît XVI, 86 ans, s'est planqué après avoir filé sa dém. Hier des centaines de caméras filmaient l'ultime adieu du pape émérite (ainsi appelle-t-on les papes qui ne le sont plus). Au moment où je te parle, Saucisson, ce vendredi 1er mars 2013, Benoît XVI est cloîtré dans sa résidence papale. Il se recueille seul. Enfin seul…

Personnellement, je n'ai pas cumulé assez de points de retraite Agirc pour espérer devenir un jour photographe émérite. Mes comptes off-shore sont vides, et mes ressources spirituelles insuffisantes pour supporter une vie de dénuement. Aussi quand *Match* me propose d'aller planquer le premier pape démissionnaire de l'histoire contemporaine, je fonce. Le souverain pontife se recueillant face son ancien employeur – Dieu –, forcément déçu mais miséricordieux, tandis que dans un coin du jardin, le diable, perché sur un arbre, le visage dégoulinant sous une casquette de chasseur, le Nikon en bandoulière, guette le bon moment pour immortaliser l'éternité et offrir au public ce moment intime. Mouais… Je pars sans trop y croire. Mais comme depuis vingt-cinq ans nous collectionnons les poubelles des grands de ce monde, des icônes, mais également des anonymes, je m'imagine déjà pouvoir récupérer les déchets du Très Saint Père. Un vrai miracle. Une fois n'est pas coutume, *Match* est sur ce coup impossible plus motivé que moi, pas au point toutefois de m'offrir un billet en business pour atteindre la place Saint-Pierre.

Pour ceux qui rêveraient d'embrasser la carrière de journaliste, il convient de préciser qu'aucun d'entre nous ne voyage désormais en classe affaires. Les reporters n'échangent plus leurs numéros de téléphone avec des stars de cinéma, des marchands d'armes ou des poules de luxe pour patron de FMI, mais plutôt avec des routards ou des fonctionnaires retraités. En m'enfonçant jusqu'à l'arrière de ce vieil avion, qui sent la mortadelle, j'ai la désagréable sensation de revivre en sens inverse ma carrière fulgurante. Et me voici, siège 38E, à l'avant-dernière rangée. Un fauteuil branlant. Une odeur de pipi de vieux. Dans mon inconfort, j'ai de la chance car une jeune femme parfumée à « Mademoiselle Chanel » – j'adore ce parfum sucré – vient s'asseoir à côté de moi. Elle susurre un bonsoir en me lançant un regard de chatte tandis que sa chevelure chatoyante flotte au-dessus de ses épaules dénudées. C'est le moment d'attacher nos ceintures, mais je suis trop gros pour ça, et celui également d'éteindre les appareils téléphoniques. Merde ! Giacomo m'appelle... Or s'il en est un qui sait comment planquer Benoît XVI, c'est lui. Difficulté toutefois, je n'ai que trois minutes devant moi or il en faut au minimum dix à mon copain italien pour formuler une info.

Comme d'habitude, il commence par me raconter sa vie ; la traque à Panama d'un voyou magouilleur, Walter Lavitola, le maître chanteur de Berlusconi. Une sorte d'entremetteur rital avec des mallettes remplies de cash et des petits carnets remplis de secrets d'État. Alors que le steward essaie de me faire raccrocher, je garde le téléphone solidement accroché à mon oreille collée contre le hublot.

— Dis-moi Giacomo, Castel Gandolfo, c'est planquable ?

— Ma no ! C'est souper difficile !

Il m'explique que la dernière photo prise dans le parc l'aurait été par un employé de la résidence, un jardinier ou un palefrenier et qu'elle est fort ancienne. Il repart sur les chevaux de Berlusconi, je perds patience :

— Abrège Giacomo !

— Mais c'est impossible de photographier le pape là-bas ! Ou demande à Dieu, il a la meilleure planque !

— Giacomo...

— Bo ehh… ! Écoute. Avant, il y avait quelques endroits possibles pour se cacher, mais ils ont mis des caméras partout. Tu n'as pas le temps de t'installer que les flics viennent te cueillir.

L'avion roule sur la piste et le steward est parti chercher le chef de cabine pour me faire obéir. Lorsque les deux gradés reviennent, l'avion est dans le ciel et ma tête dans les nuages. J'ai raccroché sans avoir obtenu de Giacomo de quoi me réconforter.

— Ah, je me souviens. Je vous ai vu à la télé ! Vous êtes le photographe des stars ! me glisse ma voisine.

Je me rengorge, flatté. Voilà une approche qui ne pouvait m'arriver que sur le siège 38E. Elisa est hôtesse de l'air en vacances. Jusqu'à la dernière minute, elle figurait sur la liste d'attente puis heureusement une place s'est libérée. Celle de Bruno qui a raté l'avion parce que son chien a une gastro. Elle me confie, un léger cheveu sur la langue, qu'elle part se reposer chez une copine, qui vit sur les collines à côté de Castel Gandolfo. À ce mot, je m'agite et hurle :

— Justement !

— Ho, ne me crie pas dans les oreilles, je t'entends.

Je lui explique mon souci auquel elle assure pouvoir remédier. Or, j'aime bien que les jolies filles aient envie de m'aider car si, statistiquement, sur toutes les femmes qui ont voulu m'aider, seules 2 % y sont parvenues, en revanche un pourcentage bien supérieur de ces assistantes empressées a fini dans mon lit. Fort de cette expérience, j'accueille avec joie l'offre d'Elisa. Arrivés à Rome, j'accompagne ma voisine chez sa copine, qui habite une maison de village. En chemin, je regarde les passants, des citadins exilés à la campagne. À cet égard, on pourrait se croire dans les Yvelines, sauf que le décor est spectaculaire : églises de la Renaissance, palais, lacs, collines verdoyantes, vignes et ruines antiques. C'est l'Italie, où tout est magnifique et décati. Je dépose Elisa chez son amie, qui m'invite à prendre l'apéro. Comme je ne vois pas trop comment ces deux filles pourraient m'aider, je les quitte, promettant de les rappeler une fois ma mission accomplie.

Je préfère profiter des dernières lueurs du jour pour sillonner le pays à la recherche du spot, de l'endroit qui me permettra de viser dans les jardins pontificaux. Aucun point culminant à l'horizon. Giacomo a raison, peut-être qu'en effet le plus simple serait de rentrer dans le parc papal puis de monter sur un arbre. Mais comment escalader un mur de huit mètres, surveillé par des caméras et contrôlé par des rondes de flics ? Une sainte prison, Saucisson ! Dans le centre-ville, je repère certains immeubles, dont les fenêtres donnent sur le parc. Il faudra aller voir.

À l'hôtel, une vieille bigote m'accueille avec une tête d'enterrement. Elle me présente une chambre austère. Puis se met, sans que je comprenne bien ce qui me vaut ses confidences nostalgiques, à me raconter le printemps 1944, lorsque les Alliés bombardèrent le palais de Castel Gandolfo, territoire neutre, tuant les civils qui s'y étaient réfugiés. Bruno m'attend au resto. Il est de mauvaise humeur, car *Match* l'envoie pour la deuxième fois sur ce coup impossible. Il me répète que l'endroit est une forteresse, que l'opération est vouée à l'échec. La chefferie de *Match* nous a adjoint un jeune pigiste, qui se vante d'être bilingue. Lorsqu'il commande son dîner en anglais, Bruno et moi décidons de le surnommer Pippo.

Le lendemain matin, Pippo, Bruno et moi attaquons la colline. À son sommet, la résidence papale, énorme et impénétrable. Derrière, le parc s'étend sur quatre kilomètres de long. Pour viser notre retraité pontifical, il nous faudra le prendre de très très loin. Bruno s'installe sur le toit d'une grosse villa en chantier qui offre un beau panorama sur la façade sud de Castel Gandolfo. En premier plan, une grande terrasse, sur laquelle les papes ont coutume de se faire tirer le portrait avec le lac en arrière-plan. Si Benoît XVI sort, il est fait. Pendant que Bruno organise sa planque, j'emmène Pippo dans la rue principale. On attaque la dizaine d'immeubles qui donnent sur le parc. Nous sonnons à chaque interphone, sous le regard méfiant des marchands de souvenirs, qui observent notre manège. Nous demeurons bredouilles, car, à chaque sonnerie, nous est chantée la même cantate : « *Non mi interessa.* » Un « *Vaffanculo* ! » nous distrait. À mes côtés, le pigiste soupire, lassé d'être rembarré comme un témoin de Jéhovah. Je sonne chez une certaine Martinelli. Une voix douce et chevrotante répond : « *Gianni sei tu* ? » (Gianni c'est toi ?). Je me souviens alors que Giacomo répète toujours « *si, si, si* » et « *ciao, ciao, ciao* ». Un truc d'autochtone. Je l'imite. « *Si, si, si, si, si*... ! — Gianni ? — *Si, si, si, si, si* ! » La porte s'ouvre.

Au dernier étage, madame Martinelli se tient debout, les deux mains appuyées sur la poignée. Sa mine se renfrogne lorsqu'elle découvre que son Gianni ne fait pas partie de notre délégation. Pippo se lance :

— Nous, journalistes, photographes, poètes. Nous avons besoin de regarder les oiseaux et le ciel d'hiver pour faire un repérage pour un documentaire animalier pour la télévision hongroise...

Tout en chantonnant notre petite histoire, nous entrons doucement. Elle nous laisse faire, tant il est vrai que nous ne lui laissons guère le choix. Pendant que Pippo pipeaute, je tire les rideaux et découvre qu'en Italie, les arbres sont verts et leur feuillage impénétrable malgré l'hiver. *Grazie arrivederci !* On tourne les talons.

Nos recherches sont infructueuses. Or d'après le quotidien *La Repubblica* et un tuyau de notre très sainte Caroline Pigozzi, spécialiste à *Match* des curés, papes et affaires célestes, la promenade dominicale de

Benoît XVI aura lieu vers 16 heures le lendemain. Il ne nous reste plus que 24 heures pour trouver le bon spot. Nous tournons autour de la résidence, dont la muraille n'offre à nos vues que des kilomètres de pierres, des attroupements de soutanes et des colonies de bonnes sœurs. J'aime pas les bonnes sœurs. Pour un peu, je me crois revenu longer mon ancien pensionnat breton. Nous étudions minutieusement notre obstacle, mais aucune brèche n'est visible et les maisons voisines sont trop basses. Je me demande comment cette fois nous allons parvenir à nos fins, d'autant qu'il ne sera pas commode de savoir précisément où le pape démissionnaire compte se promener dans son parc immense.

J'apporte à Bruno, qui moisit sur son balcon, un sandwich et un yaourt à boire. Pendant qu'il s'accorde une pause, je prends le relais. La terrasse de la suite de luxe de la résidence papale est déserte, le ciel brumeux. Autant planquer le monstre du loch Ness. Au fil de cette journée morose, quelques informations tombent au compte-gouttes. On apprend que les appartements du pape donnent plein nord, du côté opposé à notre planque donc. Sa chambre, dépouillée et monacale, n'est dotée ni de terrasse, ni de balcon. Tout juste, peut-on, depuis une fenêtre, y apercevoir la basilique Saint-Pierre de Rome qui pointe le bout de son dôme 40 kilomètres plus loin. Une autre info nous tuyaute que lorsque Benoît XVI veut sortir, un ascenseur le dépose au pied du palais, où l'attend une voiturette qui le conduit où Dieu le veut.

Cette forteresse est trop bien gardée. Les autres journalistes sont rentrés à Rome, où ils s'entassent, prêts à raconter la même histoire au même moment. Pourtant, même si pour notre trio, la partie est loin d'être gagnée, je me dis encore qu'on a fait le bon choix. Celui de tenter d'apporter autre chose à nos lecteurs.

Dimanche matin, jour de la promenade papale attendue. Bruno reprend en grimaçant son poste de surveillance, car le temps est maussade, la visibilité réduite. À 13 heures, le soleil perce les nuages et la brume, qui depuis le matin flottait au-dessus du lac, se dissipe enfin. Mais nous n'avons toujours aucune planque. On roule, on cherche, on étudie, on roule encore. On s'arrête, on esquive les condés en uniforme, les curés en civil et les espions du Vatican, qui nous lancent des regards mauvais en voyant notre Clio labellisée Europcar.

Giacomo avait raison. C'est une mission impossible.

Sur le bord de la route, je reconnais soudain ma voisine du siège 38E, qui bavarde avec sa copine.

— Arrête-toi Pippo !

— Mais quoi ?

— Fais marche arrière.

En me voyant, Elisa s'écrie :

— Mais c'est dinngue !

— Qu'est-ce que vous faites là ?

— On va déjeuner chez des amis au bord du lac. Et vous ?

— On cherche encore une planque…

— Vous venez boire le café ? C'est là juste en bas… Hein ? Oh les mecs !

Je ne réponds plus, je suis désolé chérie, j'ai décroché. Mes yeux fixent le ciel, comme happés par une vision divine.

— Ohé ! s'inquiète Elisa.

Attends, Bella, j'ai vu la Vierge. Je saisis Pippo par la manche, marmonnant un adieu à mon hôtesse de l'air dépitée.

— Ouais, ouais, je te rappelle, dis-je d'un air distrait en fixant toujours le ciel.

Pippo ne comprend rien. Il m'observe, un peu inquiet.

— Pippo, lève les yeux !

— Et alors ?

— Tu ne vois rien ?

Devant nous, un bâtiment. J'ai l'impression qu'il a poussé pendant la nuit. C'est un immeuble moche dans les tons jaune délavé, des murs fissurés et des balcons, dont le plâtre s'effrite mais le miracle s'élève de six étages et par conséquent surplombe le mur d'enceinte du palais papal. Devant l'entrée, un type décharge sa voiture. Il a calé un bout de carton pour maintenir la porte entrebâillée. On s'approche.

— *Ciao.*

— *Ciao.*

Nous entrons. Au dernier étage, une porte-fenêtre donne accès au toit. Elle n'est pas fermée à clef. Encore un muret à escalader et nous voilà sur le meilleur spot du Latium. Le seul endroit, à 50 kilomètres à la ronde, d'où un journaliste peut espérer rapporter un scoop. À Rome, ils se battent sous les arcades de la place Saint-Pierre pour photographier des évêques inconnus ou interviewer des touristes béats, tandis que nous sommes seuls, au grand air. Sous nos yeux, le parc pontifical s'étend à perte de vue.

Je déballe mon appareil. En guise de matelas, j'étale mon blouson sur lequel je m'allonge.

Je me retourne pour me faire caresser le visage par le doux soleil d'hiver puis j'allume un cigare. Je jette de temps à autre des coups d'œil furtifs dans mon Nikon. Je suis tranquille, il ne se passe rien. Je le sais. Je le sens. Je renifle l'odeur du scoop.

J'aimerais qu'il y ait une jolie femme à mes côtés, mais il n'y a que Pippo, adossé contre le muret pour y écrire, en se rongeant les ongles, son prochain article. Un « non-paru », selon toute vraisemblance, comme on appelle ces papiers écrits qui patientent au frigo, ne sont pas publiés puis finissent dans la corbeille. Je me prélasse comme un lémurien. Je m'endors, me réveille, m'étire, somnole. J'aspire une longue goulée d'air. Enfin, l'heure de la promenade dominicale a sonné. Soudain, une lumière divine déchire les nuages. Je garde l'œil collé à l'objectif. Cinq minutes plus tard, une grosse berline entre dans notre champ de vision. Elle roule au ralenti, s'arrête entre les cyprès, les portières s'ouvrent. Parmi les feuillages, je devine une agitation. Cinq femmes se détachent du peloton puis un homme habillé en noir. Un autre homme se distingue. Je sens mon cœur battre, Saucisson.

Je me sens comme le fan de vélo, planté devant la ligne d'arrivée depuis l'aube. Est-ce mon champion qui arrive là ? C'est toi, Benito ?

Pas le temps de tergiverser. Mon doigt appuie. Mécanique. Mon trophée apparaît : en papa-doudoune blanche, la tête couverte d'une papa-casquette blanche, papa Ratzinger est penché sur sa papa-canne, le dos voûté, l'expression figée. Voilà une plaque que n'obtiendront ni les 6 000 journalistes accrédités au Vatican, ni les 60 millions de paparazzi qui peuplent cette péninsule. La voiture revient le chercher, il se fatigue vite notre émérite. J'attrape mon téléphone :

— Allô Giacomo ? Je viens de vous niquer ! Toi, tes spots, tes caméras, tes flics et tes impossibili.

À mes côtés, Pippo est survolté, il vit son premier scoop par procuration. Et envoie déjà des textos à sa rédaction pour se féliciter. Puis, il se remet au boulot, il a « un papier à écrire ». Je le laisse se prendre pour Malaparte. J'embarque Bruno, trop content de balancer ses mauvais souvenirs dans le lac Albano et nous filons vers Paris. Giacomo me rappelle quelques heures plus tard, surexcité :

— Allô mon ami, Salami ! Alors t'as vu ? Ils ont fait papa Ratzinger à Castel Gandolfo.

— Bah oui, c'est moi qui l'ai fait Saucisson.

— Ma non, ce n'est pas un Français qui débarque comme ça et en deux jours, il te fait ça…

— Mouais, t'as raison. Je raconte des conneries comme d'habitude. Il y a qu'un Italien qui peut faire ça… Ou bien un…

— Un quoi ?

— Un palefrenier. Bon allez je t'embrasse, Giacomo.

Je raccroche, poursuis ma route filant sur les voies sur berge. Et me souviens qu'il me reste une personne à appeler.

— Tu appelles pour t'excuser ? se plaint Elisa.

— Non, je ne vois pas pourquoi.

— Tu devais nous rejoindre pour le café et puis tu as disparu.

— Non, je t'appelle pour te remercier.

Méfiante, Elisa attend la suite.

— Je me suis trompé, lui dis-je, je pensais que nous allions coucher ensemble et que tu ne me servirais à rien. Mais c'est le contraire qui s'est produit.

— Ah bon. Mais me remercier de quoi ?

Je m'arrête. Je réfléchis. Sans Elisa, je n'aurais jamais trouvé ce spot. C'est donc grâce à elle. Mais si Bruno n'avait pas loupé son avion, je n'aurais pas rencontré Elisa, donc c'est un peu grâce à Bruno aussi. Et si son chien n'avait pas attrapé une gastro, alors Bruno n'aurait pas raté l'avion. Donc, c'est aussi grâce à son chien. Quant à savoir qui lui a refilé cette gastro. Donc, tout bien envisagé, ce n'est grâce à personne. J'ai eu de la chance, c'est tout, mais dans mon métier, la malchance équivaut à une faute professionnelle.

— Me remercier pour quoi ? insiste Elisa.

— Pour rien Elisa, non je t'appelle juste pour savoir... Tu fais quoi ce soir ?

Un texto d'Agnès : « Bien joué Saucisson ! Un vrai scoop, mais as-tu pensé aux conséquences ? Quelle sera la vengeance du ciel, si un jour tu y accèdes ? Tu ne l'emporteras pas au paradis, Benoît risque de t'attendre là-haut. »

Je lui réponds : « Quand dînons-nous ? »

Réponse : un demi-smiley, tout riquiqui. De la poussière d'espoir. Bordel, je n'aurais pas dû m'attaquer aux forces divines !

CHAPITRE SIX

Chasse au rocker et à sa dulcinée

Des semaines de traque, en ULM, en varappe, en voiture banalisée, à Nashville et L'Étang-la-Ville. Johnny et Nathalie Baye, planqués dans la maison de Bébel sur une île anglaise, attendent Laura. Et n'aimeront guère y être dérangés. Épuisant et onéreux de chasser le boss.

Nathalie Baye et Johnny, c'est une histoire qui tourne. L'émouvante actrice et le rocker abandonné ont surpris leur monde en se mettant à la colle à l'été 1983. *Paris Match*, qui a tellement de tuyaux qu'il pourrait ouvrir une succursale dans la plomberie, nous informe que la comédienne serait enceinte. Cette annonce laisse présager un mariage. On fonce. Johnny a vécu avenue Foch puis à Neuilly, chez les uns puis chez les autres. Nathalie habitait près de la place Monge dans le Ve. Depuis qu'ils ont uni leurs destins, et semble-t-il leurs chromosomes, ils nichent ailleurs. On nous balance une fausse piste, qui nous mène à la maison de Depardieu. Raté. On fait la tournée des indics, on boit des coups avec les bavards, jusqu'à ce qu'un journaliste sportif nous glisse une adresse à l'ouest de Bougival, sur la route de Saint-Nom-la-Bretèche à L'Étang-la-Ville. C'est un village paisible des Yvelines, la maison est grande, ses murs hauts et la terrasse vaste. En sus, une belle piscine et un jardin en espalier.

Parfait, sauf que ces lieux sont inaccessibles. Pas de toit d'immeubles voisins, pas d'arbre providentiel, pas de camion-grue EDF. Juste des murs infranchissables, des molosses qui font le guet, et des gardes du corps patibulaires. Je drive une BMW 528, qui cahote sur les chemins pierreux, ahane sur les pavés disjoints et grince dans les rues étroites. Roulant à vingt kilomètres à l'heure, je me morfle une Renault 17, qui débouche à moins de trente. On change de caisse. On reprend la planque une quinzaine de jours, sans aucun succès. Johnny ne se sépare pas d'Allan, son chauffeur, secrétaire et musclé garde du corps. Quand nos deux stars sortent, elles sont accompagnées d'une escorte d'envergure présidentielle. Et quand le couple se retranche à demeure, nous avons beau tenter la varappe sur les murs de clôture, la reptation dans le potager et l'approche latérale, tout est vain car, difficulté supplémentaire, le jardin est une succession de paliers, donc pour les photographier, il nous faudrait nous approcher tellement près que nous serions au milieu des chiens et des gardes. On renonce.

— Pas question ! hurle le taulier de *Paris Match*. Le journal veut ses photos exclusives de Johnny en pantoufles et Nathalie pliant sa layette. Laura, Laura pas ?

— Mais il faudrait être un oiseau pour parvenir à rentrer dans cette maison, répliquons-nous.

— Eh bien, trouvez un oiseau.

On loue un ULM et nous nous sentons cette fois infaillibles. Le temps est clair, la température idéale. Johnny et Nathalie sortiront peut-être jouer au Scrabble au bord de la piscine dans leur Beverly Hills des Yvelines. Seulement, il nous faut un pilote pour diriger l'engin. Nous contactons un champion, auquel nous montrons la topologie des lieux. Il prend l'air soucieux du spécialiste médical, qui a une mauvaise nouvelle à nous communiquer. Les vents ne seraient pas très favorables, le terrain en cuvette compliqué car si nous devions nous poser en urgence, soit nous casserions l'engin, soit nous atterririons sur la place du marché. Le champion renonce. Qu'à cela ne tienne, nous trouvons un fou. Un barjo américain, qui a déjà volé sous la tour Eiffel et l'Arc de triomphe. Le casse-cou mesure un mètre quatre-vingt-dix, cheveux longs et frisés, la mine réjouie du gars qui va palper une brique par jour pour jouer à son jeu favori.

— Ouais, il faudra atterrir sur le marché, mais c'est trop court, les arbres nous arrêteront. Vous êtes déjà montés dans un ULM ?

— Bah évidemment, répondons-nous, crâneurs.

On prépare les Nikon pendant que le pilote rafistole son coléoptère en ferraille. On décolle au milieu d'un champ, on s'élève au-dessus des maisons. On survole le village. Ça bouge fâcheusement là-dedans, j'ai l'impression de naviguer dans une boîte de conserve propulsée par un moteur Moulinex. Le pilote, nostalgique de l'Aéropostale, se marre. Je repère la maison « à » Johnny. Je shoote. Mais il n'y a rien à photographier : deux piscines et des légumes de saison. Trois fois dans la journée, nous réitérons notre opération et survolons les lieux. Johnny ne s'inquiète pas du bruit d'enfer qui agite son toit, il ne sort même pas jeter un œil vers le ciel, il doit avoir les tympans bousillés par les mauvaises sonos. Il pourrait habiter Orly et dormir sans boules Quiès.

Au journal, ils nous somment d'arrêter les frais mais ne lâchent pas le morceau. Adieu cascades fumantes, nous nous retrouvons sur la place du marché de L'Étang-la-Ville. Le grand Johnny ne viendra pas jouer à la pétanque avec nous, il a visiblement déserté la région. Quant à Nathalie, elle se promène seule, incognito, méconnaissable tellement elle ressemble à ta voisine de palier. Johnny serait parti enregistrer à Nashville. D'après nos informations, il devrait y passer quinze jours, or Nathalie Baye n'est pas Pénélope, elle ne se contentera pas de tricoter et détricoter des petites moufles en attendant le retour du rocker. Elle ferme le portail et se barre vers Roissy. On la suit. Escale à New York. Notre contact nous donne l'adresse de l'hôtel de Johnny à Nashville. Le taxi, qui nous conduit de l'aéroport Kennedy à celui de LaGuardia, nous arnaque de 500 dollars, soit dix fois le prix de la course. Certains jours, Saucisson, les grands aventuriers cyniques et fatigués s'avèrent n'être que des crétins crédules. Pour se punir, on se donne des claques. Pour se consoler, on s'envole en première classe.

À Nashville, on ne descend pas dans l'hôtel où dort Johnny. Nous sommes français, la vedette nous connaît, et comme nous ne parviendrons pas à mâcher concomitamment trois chewing-gums et deux hamburgers, ainsi que le pratiquent les gentlemen locaux, nous serions vite repérés. Nashville est à la country music ce que Montélimar est au nougat. Les piscines sont creusées en forme de guitare, les bonshommes, chapeautés texans, la bedaine sciée par une boucle de ceinturon à tête de buffle, s'énervent au juke-box des milk-bars, en attendant leurs sosies de Dolly Parton, primées dans les foires agricoles du Middle West. La musique se mélange à la poussière. À peine avons-nous le temps d'engloutir un triple bacon-chili-cheeseburger roboratif de la taille d'un gratte-ciel, que passe devant nous le chauffeur Allan, au volant d'une limousine convoyant deux passagers qui ressemblent fort à nos amis de L'Étang-la-Ville. On bondit. Filage jusqu'à l'aéroport. Et, face au guichet, je me place dans la file derrière eux, un exemplaire périmé du *New Musical Express* dans la main et réclame à l'hôtesse le même billet que mes prédécesseurs. Ici, on prend l'avion comme ailleurs l'autobus. J'hérite d'un billet pour Tulsa dans l'Oklahoma. Je monte discrètement dans la machine, tandis que Bruno retourne à Nashville plier le matos et faire nos bagages.

À Tulsa, impossible de shooter nos vedettes, elles sont aspirées par des amis qui les attendent, bras ouverts et claques dans le dos. Je les vois disparaître dans une bagnole décorée tel un scooter afghan et saute dans un taxi, hurlant au chauffeur, comme dans un mauvais téléfilm de série B : « *Follow this car!* » Nous roulons une heure, puis parvenons à l'entrée d'une baraque entourée de gazon tondu ras et d'allées. Cette zone pavillonnaire de banlieue est gentiment déglinguée, un peu le Gennevilliers de Tulsa. Attendre dans mon taxi n'est pas une planque idéale, je retourne à l'aéroport louer une bagnole et reviens à la nuit tombée.

Les lumières s'allument dans la maison, j'imagine qu'ils se mettent à déguster un cheesecake en buvant du café bouilli.

Je quitte les lieux et me mets en quête d'un hôtel, dont je fais le tour pour m'assurer qu'il ne s'agit pas d'un décor. Le Camelot Hotel est un sommet du mauvais goût, féerie baroque à bas coût, hommage lointain à Louis II de Bavière, Viollet-le-Duc et au facteur Cheval. Je trouve un téléphone déguisé en lutin magique et j'appelle Bruno. Il me rejoint le lendemain.

Trois jours durant, on planque la nouvelle baraque « à » Johnny. En vain. Rien ne bouge. Le voyou chantant ne s'est pas assagi, il semble qu'il se soit carrément assoupi. Toutefois, j'ai un mauvais pressentiment en remarquant que là où j'avais repéré un camping-car, il n'y a désormais plus qu'une brouette de jardinier. Johnny et Nathalie seraient-ils partis camper dans une forêt au bord d'un lac, un trip nature et santé ? Pas si incongru, car le rocker l'a déjà tenté avec une ex. On appelle le journal.

— Allez jeter un œil dans la vallée de la Mort ! nous conseille-t-on.

Pas très précise leur information, car la vallée de la Mort est aussi vaste que deux départements français. On rentre dans notre hôtel magique, on y mange des séries d'hamburgers tout en téléphonant et retéléphonant au journal. Nouveau tuyau : on nous recommande de vérifier si Johnny n'est pas en Californie auprès de son fils. Puis, ils nous reparlent de la vallée de la Mort, nous suggèrent de demander à la presse locale. C'est gentil cette idée, mais je doute que Johnny Hallyday soit connu au fin fond de l'Oklahoma. On se débrouillera comme des grands, merci. Nous appelons un copain à New York, qui doit avoir une boule de cristal ou un ordinateur indiscret, car il nous apprend que Johnny et Nathalie sont chez Belmondo à Antigua, une île de rêve au nord de la Guadeloupe.

Bye Nashville, on regagne New York, le ciel gris, les poubelles, les gens de toutes les couleurs et les couloirs de métro, un mélange qui ressemble un peu plus à la vie, ou tout au moins à l'idée que Bruno et moi nous nous en faisons. On réclame au journal un max de blé et des billets d'avion, en insistant pour qu'ils s'exécutent rapidement, car nous avons perdu Johnny et Nathalie depuis plus de huit jours et ignorons combien de temps le couple envisage de rester à Antigua. Le soir même, nous atterrissons dans l'île britannique. Avec deux mots d'anglais, trois sous de diplomatie et cinquante dollars, j'obtiens des douaniers l'adresse de Johnny et Nathalie. « Jean-Philippe Smet, Nathalie, I am friend, I go to my friends. » Ils m'indiquent le nom de la maison de Belmondo, Pigeon Point. Et grâce à un deuxième biffeton, me montrent dans leur grand cahier que Baye ne se prénomme officiellement pas Nathalie et qu'elle ne part que dans une semaine. On s'installe tout près de leur nid d'amour à English Harbour.

Notre réveil est triomphant. Cadre somptueux, ciel repeint pour nous par Yves Klein. L'empreinte anglaise domine encore ces lieux ensoleillés, c'est ici en effet que l'amiral Nelson, dont notre hôtel porte le nom, avait posé ses pénates. Antigua respire la colonie, la décadence exotique, le luxe et le sable chaud. Quelques oiseaux multicolores s'introduisent dans le salon pour y picorer des miettes de notre breakfast. Une fois n'est pas coutume, nous sommes servis par nos allures de coloniaux blasés et mon côté ogre bondissant paraît inspirer confiance aux locaux. Je loue une Jeep et embarque Bruno vers la maison de Belmondo.

Une quinzaine de serviteurs noirs, un court de tennis, un ponton privé prolongeant une pointe très isolée, une plage privée, trois maisons en bois encadrant une piscine. Sous la chaleur accablante malgré l'heure encore matinale, nous nous cachons derrière le ponton et fournissons une cible de choix aux moustiques assoiffés. La plage demeure déserte. Ce n'est que trois jours et des centaines de piqûres plus tard que, faisant en bateau le tour de la pointe, nous découvrons une autre plage ventée face à la mer dansante. On planque chacun d'un côté sur les hauteurs. Nous ne tardons pas à voir surgir Allan, suivi par Johnny et Nathalie. Les amoureux se baignent, s'ébrouent, offrent leurs corps au soleil. Allan est chargé de faire les photos de vacances. Mais nous l'aidons discrètement, en rassemblant également quelques photos souvenirs. L'une d'entre elles fera la couverture de *Paris Match*, qui dépêche une journaliste pour interviewer le couple.

Elle débarque deux jours plus tard et nous recommande d'obtenir un rendez-vous photo. C'est alors une technique en vogue : on commence par planquer les récalcitrants, puis leur proposons ensuite de remplacer par une jolie séance organisée ces images scandaleuses et de surcroît à leur désavantage, images que nous avons évidemment achetées à des mécréants de paparazzi. En maillot de bain et tee-shirt, je me pointe vers midi à Pigeon Point. Je n'ai pas apporté d'appareil photo afin de manifester mes intentions pacifiques. La porte est ouverte, je pénètre sans effraction. J'entends une musique. Je traverse un salon et découvre mon Johnny et sa Nathalie, installés sur la terrasse dans des fauteuils en osier (*Emmanuelle 5* à Antigua...). Ils écoutent des disques de Johnny, en picolant les pieds sur un guéridon de bambou. Je tambourine sur la baie vitrée, afin de couvrir les braillements musicaux :

— Bonjour, je suis journaliste en vacances. Comme j'ai su que vous étiez là, je me suis dit que vous auriez peut-être un peu de temps à m'accorder. On pourrait prendre rendez-vous et organiser un petit roman photo.

— Ah non ! Vraiment, quelle barbe ! s'exclame Johnny en posant son verre. À Paris, on est tout le temps emmerdé, là on est venu pour se reposer. On est bien, non ? Autant rester bons voisins.

— Bien justement pour une fois qu'on est voisins. Ça serait moche de vous prendre en photo de loin au téléobjectif, planqués derrière un parasol.

— Non, pas de ça, proteste aussitôt Nathalie.

— Elle a raison, poursuit Johnny, ça ne se fait pas entre voisins.

Il m'énerve avec ses relations de bon voisinage. Je crois vraiment qu'il me prend pour un gars du cru. Rentré à Paris, c'est juré, je brûle ma collection de chemises hawaïennes. Je les quitte et retrouve, sous une pluie torrentielle, Bruno et Virginie, la rédactrice. Le lendemain, elle se présente en fin de matinée chez Johnny, équipée d'un petit magnéto.

— Salut Johnny, salut Nathalie. J'arrive directement de Paris. Je suis vannée. Johnny, tu pourrais aller me chercher un verre d'eau ? Nathalie, il faut que je te dise combien j'adore ton dernier film. Venez, je vous invite à déjeuner.

Nous l'attendons sur la plage et la voyons partir avec le couple vers le village. Elle échange quelques banalités gentilles avec les futurs parents, devise sur le nom du bébé, son sexe. Elle redoute Johnny, car elle a longtemps été grillée avec lui, il lui tenait rancune d'une quelconque bidouille journalistique que Virginie lui avait faite. Johnny n'est guère plus détendu, car il s'inquiète d'avoir été localisé :

— Qui sait que je suis là ? Comment m'as-tu retrouvé ? J'ai un voisin photographe, tu connais ce mec ? la questionne le rocker.

Nous avons nos photos et décampons dès le lendemain vers New York pour célébrer le centenaire du Brooklyn Bridge. Le climat de l'île caribéenne s'est d'ailleurs rapidement assombri, Virginie nous apprend au téléphone que des policiers sont venus à l'hôtel une heure après notre départ, ils exigeaient de nous voir. Johnny s'était renseigné, il avait appris que des photos avaient été prises à son insu, mais ignorait que nous travaillions pour *Paris Match*. Il nous croit être des paparazzi indépendants.

Nous ne pouvons même pas arroser notre succès – la couverture du magazine et six pages à l'intérieur –, car le journal nous ordonne de rentrer.

Nous retrouvons les Champs-Élysées, la rédaction, ses couloirs, ses bureaux, un lieu qui n'est pour nous qu'une salle de transit. Johnny et Nathalie ont envoyé un papier bleu, un référé d'avocat, interdisant la publication de nos photos. Huissiers, poursuites, procès, le couple de vedettes semble fort agacé. Ils réclament la saisie du journal. Nous nous défendons, nous ne les avons photographiés que sur une plage, il n'y a donc pas de violation de domicile. Nous sommes inattaquables, irréprochables. La probité même. L'honneur de la profession !

Laura naîtra quelque temps plus tard. Elle porte le nom de mon film fétiche, réalisé en 1944 par Otto Preminger, l'histoire d'une femme assassinée, jouée par Gene Tierney, dont un enquêteur tombe amoureux sur la musique inoubliable de David Raksin.

Message d'Agnès, ma conscience en pétard, laissé sur mon répondeur : « Vraiment pas cool tes images de Nathalie enceinte, tu ne peux pas leur fiche un peu la paix ? » Ma réponse lui parvient sur une lettre parfumée au cigare, que je signe de la part d'un enfumeur : « On se voit quand ? Ras le bol de rendre service à des copines trop célibataires. » Mon fantasme en goguette réplique sur ma messagerie : « Envie de perfection, pas de pipeauteries comme dans tes pipoleries. Grandis un peu et on verra. » Je ne sais pas quoi répondre. Je patiente.

CHAPITRE SEPT

Arafat, l'obus et ma chemise à fleurs

Il ne faudrait pas croire que je ne suis bon qu'à photographier des papes à la retraite, des présidents ou des crooners sur leur terrasse. Il m'est arrivé de jouer au reporter de guerre. Ce qui n'a pas plu aux officiels. Ce doit être à cause de ma chemise. Ma chemise pour shooter Caroline de Monaco.

Je rentre d'Hawaï, où je viens de photographier de quoi nourrir cinquante-deux covers de magazine dans cinquante-deux pays avec des images de Caroline de Monaco et Guillermo Vilas, son amoureux tennisman. J'ai rempli mon sac de chemises à fleurs bariolées et je passe à la rédaction papoter avec Roger Thérond. Il est content de mon boulot, il marmonne même un compliment. Nous sommes en juillet 1982, et depuis deux mois, aucune photographie d'Arafat, leader charismatique et secret de l'OLP, n'a circulé. Le siège de l'Organisation de libération de la Palestine est installé à Beyrouth qu'assiège depuis quelques semaines l'armée israélienne, y déclenchant une guerre impitoyable. Afin de profiter de la bonne humeur du big boss, je lui glisse que j'aimerais partir pour la capitale du Liban y retrouver Arafat. Thérond lève un sourcil étonné et me fait justement remarquer qu'on ne saurait planquer à Beyrouth comme à Saint-Tropez. J'insiste, il cède. Je pars. L'aéroport libanais étant fermé, j'embarque sur un cargo, qui fait escale à Chypre puis me dépose à Jounieh. C'est le port de Beyrouth, situé quinze bornes au nord de la ville. L'atmosphère qui règne dans cette station balnéaire est étrange ; sur la plage, des centaines de jeunes dansent et picolent, ils font la fête en string et bikini, jouent au volley en chantant à tue-tête. Depuis le sable, entre deux verres de mojito glacé, on distingue les fumées noires qui s'élèvent au-dessus de la corne de Beyrouth-Ouest. C'est hallucinant ce décalage avec l'image véhiculée par les médias du monde entier ne représentant que la capitale assiégée et bombardée quotidiennement.

Je crois que les seules images qui vaillent la peine d'être prises sont celles qui racontent une histoire différente. Je mitraille pendant trois jours. *Match* publie mon reportage sur six pages qu'il titre « Beyrouth sur plage ». Je ne compte pas rester faire la fête, car je te rappelle, Saucisson, que j'ai promis à Thérond de rapporter des images d'Arafat disparu. Accompagné de mon copain Jean-Michel Caradec'h, un ancien de *Libé*, grand reporter à *Match*, nous rejoignons avec difficulté la capitale du Liban, traversons le no man's land du passage du musée et retrouvons à l'hôtel Commodore tous nos petits camarades, reporters de guerre en veste multi-poches et Ray-Ban sur les cheveux, qui picolent au bar. Je débarque dans le club, en chemise à fleurs. Certes, il fait chaud en juillet à Beyrouth mais je sens qu'on n'apprécie ni ma présence, ni mon style vestimentaire bigarré. Il n'est pas conforme à l'uniforme requis. Du bout des lèvres, mes gentils confrères m'indiquent qu'il me faut obtenir un laissez-passer de l'OLP. Nous y partons. L'immeuble où siège l'Organisation est une bâtisse miteuse d'un étage, des câbles dans tous les sens, quelques marches défoncées. Les administratifs en treillis et keffieh expliquent qu'il leur faut une heure pour nous fournir leur papelard. Soit je reste avec eux siroter un thé sucré à la menthe, soit je vais me balader et reviendrai récupérer mon passeport et leur sésame. Moi qui suis d'ordinaire grosse feignasse, je décline leur thé. Avec Jean-Michel, nous sortons nous balader dans les rues défoncées.

À peine avons-nous quitté les lieux et marché cent mètres qu'un vacarme déchire l'air : un obus s'abat sur le siège de l'OLP. Fumées noires, nuage de poussière, hurlements. Je retourne sur mes pas en courant et photographie les décombres. Tous les types sont morts. J'entends un convoi qui s'approche : c'est Arafat en personne qui vient sur les lieux. Incroyable, le type que personne sur terre n'a vu depuis deux mois est là sous mes yeux. Pas sûr que ma chemise hawaïenne lui plaise, d'ailleurs. Je me jette sur lui, mon pote Jean-Michel lui pose quelques questions. Tout est dans la boîte, on rentre à l'hôtel. En arrivant dans le hall, on se dit qu'il vaut mieux déballer tout de suite notre histoire. On raconte le thé à la menthe, la promenade, l'obus, et Arafat dans l'objectif de mon Nikon. Ça sent furieusement le goudron et les plumes, car les confrères ne sont pas heureux qu'un zozo, débarqué d'Hawaï, ait obtenu le Graal. Caradec'h et moi attrapons nos bagages. Retour à Paris. À nouveau dans le bureau de Thérond, je me sens obligé de lui dire que je ne dois ces photos qu'à un improbable concours de circonstances, que je ne connais rien à la guerre, que j'ai seulement eu un coup de bol dingue. Le boss s'en fiche :

— Ne m'emmerde pas avec tes histoires. Tu l'as fait, c'est tout. Souviens-toi de Pierrot (Pierre Lazareff, pour ceux qui ne suivent pas), la malchance est une faute professionnelle dans ce métier.

Message d'Agnès sur mon repondeur : « Ça y est, tu t'y mets enfin, deviendrais-tu un "vrai" reporter ? » Je me jette sur le téléphone et lui jure que j'ai compris ; c'est ce métier de correspondant de guerre qui me fait vibrer... Silence : « Ok, peut-être puis-je te croire, du moins je veux bien essayer, j'attendrai tout de même un peu pour voir si tu n'essaies pas encore de m'enfumer.

— Alors c'est bon, on se voit quand ?

— Bientôt peut-être. »

Elle raccroche. Quelle peste, je vais finir par croire qu'elle me fait marcher...

CHAPITRE HUIT

Le prince Albert, en vert dans les rues de Lima

Quelques heures, le chauffeur officiel du prince monégasque. Il ne sait pas que je l'ai fait photographier tout peinturluré dans un baquet par des matelots de la Royale, rencontrés dans un bar à putes. Gentil Albert.

Notre gisement pétrolifère s'appelle Grimaldi, une entreprise familiale installée à Monaco, dont nous tirons, bien qu'il ne nous appartienne pas, des bénéfices substantiels. L'héritier de la principauté, Albert de Monaco, est un prince sans qualité remarquable, si l'on excepte son imperturbable discrétion. Rien n'arrive à ce jeune homme bien élevé ; il n'affiche aucune bizarrerie scandaleuse, ne présente aucune addiction compulsive, ne commet pas d'impair protocolaire, ne fréquente personne de travers, il ne convole ni ne bécote dans la roture. Au bal de la Croix-Rouge, le prince s'ennuie dignement, et comme il ne semble connaître aucune cavalière à inviter, les agences de mannequins lui fournissent des petits top-modèles qu'il promène, l'air pataud. Il est également gentil, timide et sportif. Enfin sportif couronné, car lorsqu'il joue au foot, ses équipiers lui passent le ballon et la coupe de volley qu'il remporte chaque été lui est facilitée par le fait qu'on lui abaisse le filet quand il lance. Ce brave prince Albert décourage tous les paparazzi, au contraire de ses deux sœurs, héroïnes juchées sur le rocher d'or d'un palpitant roman-photo. Nos princesses tapageuses savent y faire elles pour émouvoir les lecteurs et gonfler les tirages des journaux.

Cette année-là, Albert part faire son service militaire sur la *Jeanne d'Arc*, qui appareillera depuis Brest pour accomplir le tour du monde. Je pars pour le grand port finistérien, ma ville de naissance. La tradition dans la Marine impose, au passage de l'équateur, un bizutage costaud. Je voudrais obtenir des photos du prince, peinturluré, jouant au clown dans un baquet. Seulement la *Jeanne* est un navire de guerre, auprès duquel obtenir des images confidentielles me semble très hasardeux. Alors que j'essaie de pénétrer à l'intérieur de l'école navale sur un parcours où les élèves officiers font du cross, je me fais surprendre.

— Je suis breton et journaliste. Je cherche à interviewer le prince Albert sur les qualités de notre Marine française...

Ma flatterie est inutile, l'officier m'enjoint de déguerpir. J'obtempère pour revenir en escaladant les rochers sur la plage, un bachi, c'est-à-dire un béret de marin, sur la tête. À nouveau, je suis intercepté par une patrouille. Dépité, je me balade dans « Brest même », de l'autre côté de la rade, rue de Siam, passant de bar en bar à la recherche de matelots. L'un d'eux accepte de prendre des photos à bord, pour lesquelles je lui fournis un petit autofocus ne nécessitant aucun réglage technique. Pour assurer le coup, je lui trouve deux complices dans l'équipage. Et la *Jeanne* appareille, avec un petit peu de moi en clandestin dans des poches de marins. J'adore me multiplier. Albert embarque à son bord, sous le mitraillage d'une nuée de photographes présents sur le quai. En aparté, un officier me confie que la principauté monégasque a versé 50 000 francs pour le stage de son prince marin, ce qui couvre à peine les frais de formation d'un officier.

Je passe par Paris en souhaitant d'une part que mes espions ne se fassent pas piquer et d'autre part que mon Albert se déchaîne et assure le spectacle. La première escale a lieu à Lima au Pérou, point de rendez-vous pour récupérer mes photos baladeuses. Deux jours avant l'accostage du bateau, j'y guette, avec l'impatience gourmande d'une femme de marin, l'équipage débarquer. Je contacte mon matelot, développe ses pellicules, mais ses photos sont prises de trop loin et floues. Le photographe de bord, auprès duquel j'avais également tenté ma chance, s'est quant à lui dégonflé. Je repars en chasse dans les bars à putes, où s'éparpillent les marins, dont beaucoup ont pris des photos personnelles. J'achète tous leurs films pour les faire développer à Paris. En attendant, puisque je suis à Lima, je shoote Albert descendant à quai et l'aborde franchement. Les yeux baissés, il bafouille, bégaie, un peu ahuri. Les photographes l'effraient. Profitant misérablement de son trouble, j'abuse :

— Écoute, tu as dix jours d'escale ici, alors je peux te pourrir la vie pendant ces dix jours ou bien tu fais quelques photos officielles avec moi et je te lâche la grappe.

Albert hésite (son activité favorite). J'insiste, lui exposant combien mon offre ne saurait se refuser. Il accepte et c'est ainsi que je deviens son chauffeur, le conduisant jusqu'à Lima et son consulat monégasque.

De retour à Paris, je développe les cinq kilos de film des marins et, divine surprise, ils sont excellents. Un vrai reportage, hilarant, canaille. Le sérénissime Albert y apparaît, peint en vert, se faisant salement bizuter ou traînant son ennui princier dans les rues de Lima. Je me félicite par ailleurs d'avoir accompli ce faisant une vraie prouesse : être parvenu à obtenir des photos d'un bateau de la Royale en plein océan. J'ai l'orgueil de mes bassesses, la fierté de mes mesquineries. Au ministère de la Marine, on trouve en revanche que nos photographies font sacrément désordre et leur publication devient une affaire d'État. Des blaireaux de la sécurité militaire me contactent :

— On enquête pour savoir d'où ces photos ont été prises. L'affaire est grave, on peut en l'espèce parler de divulgation de secrets militaires…

Lorsque je retourne à Brest, accrédité par *Paris Match*, pour photographier l'arrivée de la *Jeanne*, je suis autorisé à monter à bord du navire. Bien que l'humeur à mon endroit soit plutôt à la mise aux fers et au cachot punitif, je brave avec dignité les regards mauvais. Cependant, j'apprends que les officiers ont identifié un des marins complices, le malheureux a terminé son tour du monde à fond de cale. Je m'insurge :

— C'est dégueulasse, il n'y est pour rien votre marin, c'est moi le seul responsable. D'ailleurs, la moitié de l'équipage m'a filé des photos.

Le pacha, seul maître à bord après Dieu, frôle la syncope apprenant l'ampleur de la zizanie. Le marin puni ne m'en a pas voulu. Démobilisé, il est venu me rencontrer à Paris. Le virus l'avait contaminé, il voulait devenir photographe. Je l'ai aidé en lui offrant 50 000 balles et l'ai fait intégrer une agence de presse.

Message d'Agnès qu'elle m'offre de vive voix, ayant accepté de me retrouver pour déjeuner à La Belle Ferronnière, un restaurant près du journal, dans lequel pulse la vraie vie de la rédaction, ses amours, ses défis, ses larmes et ses guerres, un lieu magique, un abri : « Un reportage pareil, c'est drôle. Ce n'est pas méchant. Tu vois, Pascal, c'est pour ça que j'ai accepté de déjeuner, mais tout de même, ne vas-tu pas grandir un jour et cesser tes gamineries ? Ne feras-tu donc jamais de vrais reportages carrés, sérieux, instructifs ? Il n'y a pas que tes stars et tes princesses. Arrête tes âneries. » L'âne que je suis et qui n'aime que les zigzags lui répond : « Ma belle Agnès, jamais. Je m'amuse trop et les reporters sont des lascars rectilignes, dont la fréquentation équivaut pour moi à une punition. Ils se prennent trop au sérieux. Je veux rester un enfant prolongé, oublié par l'âge. Nous n'y arriverons jamais. Je t'aime. »

CHAPITRE NEUF

Orson en robe de chambre

Avec le monstre du cinéma, nous prenons le thé et jouons à faire des blagues téléphoniques. Je comprends que mon métier ne capture que ce qu'on lui offre. Patrick Dewaere pleure. Le cadeau est si grand.

Orson Welles, le génie du cinéma mondial, est à Paris, car il préside les Césars. Or, aucune rédaction ne veut le photographier, personne ne l'invite à dîner, Orson n'intéresse plus. Ce personnage, fumeur de cigares aussi gros que nos télés, capable de fusiller l'establishment d'un haussement de sourcils, prêt à divorcer de Rita Hayworth pour mieux épouser la légende, nous plaît. Nous insistons auprès de nos commanditaires habituels, qui rechignent. Ils nous indiquent que l'ogre déjeunera avec des personnalités des arts et des lettres et que, puisque nous y tenons tant, nous n'avons qu'à aller le photographier à cette occasion. On ne vole pas des images à celui qui n'a plus le droit d'en offrir. Cette fois, nous abandonnons notre costume de paparazzi et approchons le génie avec l'humilité de spectateurs rendant hommage au grand Welles. Nous savons qu'il est descendu au Lancaster, un hôtel discret et élégant, situé dans une rue étroite près des Champs, à deux tours de roue de Harley du journal. Nous abordons une monumentale Bentley grise, années soixante, ailes allongées. Appuyé contre la portière, les bras croisés, le chauffeur de maître étudie notre Harley rutilante. Nous avons l'air de jouer dans le même film.

— Êtes-vous le chauffeur d'Orson Welles ?

Le type opine de la casquette. En bavardant, il nous dit être étudiant et conduire dans Paris des invités illustres afin de payer ses sandwichs et sa mansarde. Nos boulots ont ceci en commun qu'il nous faut attendre beaucoup, patienter souvent, conduire des voitures et musarder en observant la vie alentour.

— On pourra faire des photos, d'après toi ? lui dis-je.

— Il est trop gros pour la photo, mais je lui demanderai en le conduisant chez Maxim's, nous répond le jeune chauffeur.

Un peu avant midi, Welles sort par la porte à tambours de son hôtel, on dirait un culbuto qui tomberait dans une Bentley. Le personnage est énorme, majestueux et tranquille. Notre Harley escorte sa Bentley tout le long des Champs-Élysées jusqu'à la rue Royale. Sans un bruit, les deux pneus droits de sa voiture grise s'ajustent contre le trottoir. Casquette à la main, stylé mais malicieux, son chauffeur lui ouvre la portière. Orson sort. Lenteur impériale du monstre sacré, qui, debout, nous apparaît gigantesque et comique. Le contemplant, je pense au « géant au regard enfantin », que décrit Cocteau. Ventre de général russe, nez poupin de savon Cadum, il est dans le viseur de l'appareil, son œil farceur tourné vers nous. Trois photos et le voici qui disparaît sous l'auvent rouge et or du restaurant Maxim's. Il ressort deux heures plus tard en compagnie d'Edmonde Charles-Roux. Assis sur la Harley, nous photographions tranquillement celui qui joua le policier véreux dans *La Soif du mal* devisant avec l'écrivaine, épouse de Gaston

Defferre, maire de Marseille et plusieurs fois ministre. Welles badine comme une jeune fille à son dernier bal. Crinière d'argent sur lavallière tigrée, il minaude, envoie un baiser à Edmonde. Puis, statue vivante, reste planté, face à nous, sa canne à la main. Il sait qu'on le cadre et nous en laisse le temps. Dernier regard, il réintègre son carrosse. Nous enfourchons la moto. Revenus devant le Lancaster, nous nous enhardissons :

— Bonjour, monsieur Welles, nous sommes photographes à *Paris Match*, nous vous aimons beaucoup. Accepteriez-vous de prendre des photos ?

Il sourit, mais, fatigué, décline l'offre. Nous lui glissons notre carte de visite tandis qu'il disparaît dans le hall.

Le lendemain, déçus et sous le charme, nous arrivons au journal et nous retrouvons à La Belle Ferronnière. Les journalistes papotent des Césars à couvrir samedi, de Monaco à découvrir, des vacances à venir. Lorsque surgissant en trombe, le journaliste de permanence fait irruption dans le bistrot, où nous menons notre propre conférence de rédaction :

— Pascal, Bruno, vite ! Welles veut faire des photos avec vous. Il a téléphoné lui-même. On se demande comment vous lui avez plu…

On file au Lancaster. Le trottoir est bondé de journalistes, de curieux et de cinéphiles transis. Le portier nous refoule. On crie, on insiste, Orson nous a appelés ce matin, il veut nous voir. Le portier s'apprête à nous repousser, lorsque le chauffeur nous fait entrer sous les lazzi des paparazzi. « Enfoirés, c'est toujours les mêmes. C'est dégueulasse ! » Je me retourne en leur présentant un bras d'honneur accompagné d'un sourire et les nargue d'un : « On va voir monsieur Welles. » Nous montons au quatrième étage, les boyaux noués, un trac monstre. Suite 42, sonnette sonne. Orson nous ouvre, souriant dans sa robe de chambre, nouée par un cordon de rideau de théâtre. Falstaff et Shakespeare, le théâtre et le cinéma, mémoire et majesté réunis dans cette imposante personne. Il s'assied dans un fauteuil profond, sous un lustre de cristal. Il nous scrute, nous photographie des yeux, on dirait qu'il étudie de quelle matière nous sommes faits. Je crois qu'à cet instant, Bruno et moi ressemblons à deux gosses qui auraient découvert le Père Noël un 24 décembre.

— Bonjour, messieurs, lance l'ogre.

Nous sommes muets, impressionnés et maladroits. Le déclic de nos Nikon est figé, réfractaire. Je tente un :

— On va faire des photos dans Paris ?

— Certainement pas. Je ne bouge pas. Très peu. On fera des photos ici.

L'air fatigué, il respire comme un bœuf et parle lentement.

— Avez-vous déjà fait des photos ici ?

— Oui, avec l'agence Magnum. On était dans la chambre. En bas, il y a une petite courette très charmante. On peut y aller, souffle Orson.

Dans la cour tranquille, Orson se place sous une statue de Minerve en bronze, près d'une fontaine en marbre. Prenant la pose pour l'éternité, il se tient droit, appuyé sur sa canne de bois sculpté, son havane à la bouche. Il choisit d'instinct la bonne place, le bon angle, il perçoit la lumière et la diffuse. Nous nous taisons. C'est lui qui nous ordonne, il nous indique l'objectif adéquat, nous donne même l'ouverture et la vitesse. Dirigés par Orson Welles, nous fermons notre grande gueule, ne vérifions rien et shootons. Nous comprenons à cet instant que notre impertinence coutumière de paparazzi n'est que la posture des artisans, la faconde des bricoleurs. Devant Welles, notre appareil s'anoblit, il tire des salves d'honneur.

— Prenez-moi en contre-plongée, nous intime le cinéaste.

Il est malin et sur ce coup, un brin prévisible. Il veut une photo de la bête, du monstre, du dieu maudit, une photo d'Orson Welles, dirigée et pensée par Orson Welles. Cinq minutes nous auront suffi, et nous nous quittons.

Les tirages nous impressionnent et nous transportent. Du 30 sur 40, noir et blanc. Son visage de géant noyé dans la fumée d'un cigare. Une cheminée d'usine à rêves accoudée à une déesse antique. Fauve à l'iris pur. Un homme fleuve, tourmenté qui semble dire que la tragédie ne se joue que pour un seul spectateur : Dieu et nul autre. Nous sommes émus, ébranlés. Marc Brincourt, le technicien du labo, devenu depuis rédac' chef à *Match*, nous invite à faire dédicacer ces photos.

Vingt tirages sous le bras, nous repartons vers le Lancaster, où nous sommes accueillis par les mêmes concerts de lazzi et quolibets...

Nous atteignons la suite 42. Bien que vingt-quatre heures se soient écoulées, notre appréhension est vive à l'idée de présenter au maître nos images.

— Bonjour, monsieur Welles…

— Bonjour, messieurs !

— Nous avons là quelques photos pour vous…

— Pour moi ?

C'est lui à présent le gamin qui croise le Père Noël un soir du 24 décembre. Il regarde notre travail :

— Elles sont pour moi ? Je peux vraiment les garder ?

Nous appelons ces photos des tirages politesse, elles nous servent à rendre – parfois – à leurs propriétaires leurs images volées. C'est un peu comme si au poker, le tricheur rendait sa mise à chacun.

— Asseyez-vous, je vous en prie. Je vais commander un thé et vous dédicacer ces photos, nous dit-il.

D'une écriture large et nerveuse, bougeant la main avec l'amplitude d'un mouvement de toge, il inscrit ses dédicaces, « all my thanks to Bruno… », « tous mes remerciements à Pascal. Orson Welles ». La suite du Lancaster est désuète, victorienne. Des lampes en cristal bleuté, des tableaux équestres d'Epsom, des porcelaines autour d'un éléphant, qui les évite avec grâce. La conversation s'établit, amicale et franche.

— Vous êtes à Paris pour les Césars, monsieur ?

— Les Césars ! Pfuit... (Il balaie la pièce avec dédain.) À la Cinémathèque, j'ai dit aux jeunes de prendre une caméra, de l'acheter, de la voler, de l'emprunter et de filmer. Filmer. N'allez jamais au cinéma ! Ne regardez pas ce qu'ont fait vos pères. Vous ne le referiez qu'en moins bien. La seule chose qui compte est de filmer les images. Ne faites pas une école, n'apprenez pas l'alphabet dans de faux dictionnaires. Moi j'ai toujours filmé la vie.

Il parle avec aise, sa voix est chaude, il nous dit encore combien il aime Paris et le cinéma français.

— En France, il y a un acteur formidable, Patrick Dewaere. Tellement expressif, un visage qu'on peut voir en coupant le son. Quand il pleure, il n'a pas besoin d'oignon dans les yeux et quand il rit, on ne le chatouille pas sous les bras. J'aimerais le rencontrer.

Il prend un air gamin, nous avoue son goût pour les blagues téléphoniques, appelle pour nous en convaincre la réception à laquelle il passe des commandes extravagantes pour la chambre voisine et colle son œil à l'œilleton de sa porte pour voir passer la livraison.

— Et vos projets ?

— Je suis en Europe pour rencontrer de vrais producteurs allemands, italiens, anglais, français, espagnols. Mon cinéma n'a jamais été commercial, mes films coûtent cher et les studios d'Hollywood ne me font pas confiance. J'ai négocié dix jours à Paris avec l'organisation des Césars.

Il sort un mouchoir et se cache dans ce confetti. On ne dit rien. Nous comprenons que notre métier ne fait rien de beau, de grand, de sublime, que tout y est futile. Avec un appareil, on ne saisit pas la seconde de vérité, celle où Stéphanie fuirait Monaco, où le prince Charles renoncerait à patienter pour son trône, où Marlon Brando nous dirait préférer la chaleur d'une famille au papier glacé de *Vanity Fair*, où Sharon Stone cacherait ses fesses. C'est à ces instants qu'il nous faudrait être là. Les vedettes décrispées, mains ouvertes et visages offerts, sans frime ni sourire. Bientôt, nous le savons, Orson Welles aura été définitivement pillé, arnaqué et décortiqué par les critiques. Le géant n'a plus un sou. Fatigué, Orson nous reconduit. Il nous remercie encore pour les photos. Nous les avons oubliées, nous avons depuis reçu l'image vraie.

Au journal, nous découvrons que notre reportage n'est pas programmé. Les explications sont vaseuses, Orson serait trop communiste, très marqué libéral à gauche. Suspect. La preuve ? Il ne tourne plus. Personne n'a confiance en lui, il gaspille. Nos photos ne seront jamais publiées. Comme des livres attendant leurs lecteurs, trésors tapis au fond des mers froides.

Bruno et moi couvrons la cérémonie des Césars. On se marre. Stars et strass, stress d'actrices. À minuit, le Fouquet's est envahi par les nominés en fête. Je vois Dewaere, que je connais bien pour avoir, dans nos jeunes années, fait de la boxe à Neuilly avec lui, Depardieu et Sylvain Joubert. Je lui dis que Welles veut le voir. Il roule des yeux effarés :

— Pourquoi moi ?

— Il t'aime bien.

Patrick panique, il pétoche.

— Ta gueule, ne fais pas chier. Pour qui te prends-tu ? Si Welles veut te voir, tu viens tout de suite. Il t'aime bien, c'est tout, lui dis-je.

Il est drôle et tragique, Dewaere. Il bouge sans cesse ses mains pour cacher que tout en lui tangue. Nous nous approchons de Welles, lentement, religieusement. Je les présente. Il y aurait là une sublime photo, mais je ne respecte que les respectables alors je m'esquive. Une heure et demie plus tard, Patrick sort du Fouquet's, je l'attrape :

— Tu vas tout me raconter !

Il tourne sa gueule d'ange, en pleurs. Et me dit :

— Espèce de sale fils de pute, c'est le plus beau cadeau qu'on m'ait jamais fait, je ne le raconterai à personne !

Six mois plus tard, il se fout en l'air, en se tirant un coup de carabine dans la tronche.

Le lendemain, l'organisation des Césars gèle les crédits, Welles est viré. Son chauffeur étudiant n'en a cure, il prend sur son temps et sur son fric et continue de véhiculer son monstre. On ne peut rien faire pour prolonger le séjour du dieu qui bannit l'Olympe.

Voyeur

Orson Welles meurt en octobre 1985 chez lui, près d'Hollywood. Rue Lincoln, notre photo jamais publiée est éclairée par un soleil jauni. Il a un œil gai, l'autre moins. Epinglé à la hâte, il sourit, plus éternel que jamais. Drôle de farceur.

Agnès m'appelle. Je lui raconte l'histoire sans forfanterie. Elle est émue, elle me demande si je peux lui offrir un tirage. Et si je peux lui présenter Dewaere, car elle l'adore… Elle m'énerve. Je raccroche. Welles a tout gagné puis tout perdu. Ce soir, j'ai tout perdu mais rien gagné.

CHAPITRE DIX

Week-end à Kananaskis

Mon Jeannot, Premier ministre du Canada, m'invite dans le salon où les huit hommes les plus puissants de la planète échangent des blagues coquines. Ce que dans les journaux, on nomme un G8. Assis dans leur canapé, je vois Poutine touiller le sucre dans la tasse de café de Bush, qui boit sa bière au goulot.

Nichée au fond d'une petite impasse, au cœur du triangle d'or de Paris, entre l'avenue Montaigne et l'avenue George-V, l'école Robert-Estienne, où sont scolarisées Louise et Léa, mes chipies, est classée. Elle fut mise en lumière dans *Les 400 coups* de François Truffaut, car le cinéaste disposait d'un bureau au bout de la rue Robert-Estienne, dont la fenêtre plongeait sur les deux cours de l'école. Cette vue l'inspira pour écrire; les cris des enfants en récréation le charmaient. Je me souviens avoir vainement cherché à retrouver cette école dans le quartier des Abbesses ou de la place Clichy, lieux supposés offrir le cadre du film. La première fois que je déposai mes filles dans cette école, je fus transporté de la reconnaître enfin, j'imaginais mes fillettes figurer dans le film.

La clientèle de l'école ressemble peu à celle imaginée par Truffaut. Les gamins habitant ce quartier, pas vraiment populo, sont des enfants de patrons, de grands bourgeois, d'aristos, de nouveaux riches auxquels se mêlent des fils et filles de concierges. Je suis heureux d'observer que mes chipies s'entendent aussi bien avec ceux-ci, qu'avec les Jean-Charles, Eléonore, Alexis, ou Philibert. Parmi leurs camarades, Jules, petit Québécois dont le père, Robert Desbiens, ancien journaliste-vedette de la radio-télévision canadienne devenu diplomate, préside à Paris le Centre culturel canadien. À force de croche-pied, de bagarres et de baisers volés, Louise et Jules deviennent inséparables. Je déjeune alors, tous les lundis, dans un restaurant japonais de Levallois, installé au rez-de-chaussée d'un palace, avec Valoche, devenue depuis notre première dame. À l'époque, je ne désespère pas de la séduire… Ce déjeuner tient lieu de conférence de rédaction officieuse, elle réunit de plus en plus d'adeptes. Nous y parlons des sujets en cours, des échecs, des projets. Un jour, Valoche me dit rêver d'écrire un reportage consacré aux palais de la République. Nous connaissons tous le pavillon de la Lanterne, merveille nichée dans le parc du château de Versailles et alors dévolue au Premier ministre, ou le château de Souzy-la-Briche, la résidence de week-end du Zident, dans les parages duquel nous avons passé un nombre incalculable de journées à pister François Mitterrand, déguisés en Rambo de pacotille, un peu comme Jean Dujardin jouant l'espion OSS 117, ce James Bond à la française. Malgré nos tenues camouflées, achetées dans les surplus des puces de Saint-Ouen, nous nous faisons souvent gauler par les supermen du GSPR et n'avons jamais réussi à photographier Zarine sur Gendjim, son akhal teke, un bourrin offert à son papa président lors d'un voyage officiel au Turkménistan en mai 1993.

Trouvant amusante son idée de présenter aux Français les baraques dans lesquelles nos ministres et présidents se reposent, je me dis qu'un bon petit survol en hélico serait la solution idéale pour réaliser ce reportage. Seulement, comment survoler d'aussi près Paris ? Ayant connu Richard Fenwick, un pilote qui survolait les entrées de la capitale pour indiquer les conditions du trafic routier en direct tous les jours sur Europe 1, je lui propose la mission. Nous effectuons quelques repérages terrestres. Muni d'un GPS portable, je me colle près de ces demeures et châteaux. J'y effectue un *way point*. Nous donnons ces coordonnées à mon pilote de location, qui s'y rend. Résultat : des photos spectaculaires. Roger Thérond, enthousiaste, me demande quel texte leur adjoindre. Je lui réponds avec mon petit air provoc et insolent de consulter le menu des cinq dernières semaines, soit la liste des reportages en cours ou des propositions de journalistes et photographes du staff. Il y verra que Valérie Trierweiler a proposé cette idée voici deux mois.

Les huit pages de ce reportage sont un succès. Aujourd'hui, des années après cette histoire, je m'amuse d'imaginer la même Valérie y passer tous ses week-ends.

Valoche travaille alors au service politique. Elle me raconte que *Match* aimerait interviewer Jean Chrétien, Premier ministre du

Canada, mais que personne n'arrive à obtenir l'entretien. J'en parle à mon pote Robert Desbiens, le père du fameux Jules. Sous mes yeux ébahis, Robert l'appelle, me le passe direct. Jean Chrétien me demande tout à trac quand je compte venir. Je rentre au journal en crânant. Valoche et moi partons très vite. Ayant mené l'entretien dans son bureau officiel, le Premier ministre canadien se lève et m'invite à faire mes photos. Je lui explique que *Match* est un « picture magazine », et qu'il va par conséquent me falloir un peu plus que deux images pourries dans un bureau. La tête de Valérie et celle de mon Jean ! Je balance de chique qu'une photo de lui et sa madame sur un canoë, devant une cabane en rondins, serait bienvenue.

Le lendemain matin, j'embarque dans un Zodiac de la gendarmerie royale canadienne avec mon Jean, son épouse Aline, pagayant comme des dingues sur un lac géant à Shawinigan, son bled d'origine. L'eau est à trois degrés. Deux autres Zodiac de gardes du corps entourent mes pagayeurs. Je leur demande de s'éloigner, car ils polluent mon image. La cabane en rondins, véritable résidence de Jean et Aline, est en fond d'image. Nous y partageons un café et un grog. En perquisitionnant leur cuisine, je trouve une fausse couverture de *Match* encadrée, représentant Jean et Aline. Ils en avaient donc toujours rêvé de ce reportage.

Nous devenons un peu potes. Jean nous emmène en avion découvrir son pays. Il est alors en campagne électorale. Je lui raconte la France, ses fonds secrets, ses magouilles, ses pots-de-vin. Son chef de cabinet, Bruce Hartley, m'apprend que lorsque nous déjeunons ou dînons avec son patron, celui-ci paie la douloureuse avec sa carte de crédit perso. Il nous offre des sculptures inuits, des bouteilles d'ice wine. Le tout de sa poche. Quel décalage avec nos pratiques méditerranéennes. À les entendre, je me sens le représentant d'une société de truands, plutôt que le ressortissant d'une démocratie ayant proclamé les droits de l'homme et mené une révolution pour abolir les privilèges. Bavardant ainsi, je lui confie qu'en bon Breton, ma seule et unique passion est la pêche. Chiche ! Rendez-vous est pris à cinq plombes du matin dans le hall de mon hôtel avec un des plus grands guides de pêche locale, spécialement venu de Vancouver. À notre disposition, un petit canot, un grand lac. Quelques dizaines de perches, saumons et truites plus tard, je dépose chez Jean et Aline un panier plein de poissons dans la cuisine. Ce qui permettra de réaliser quelques images supplémentaires avec Jean en commis de cuisine et madame aux fourneaux. Ce reportage sur le couple canadien sera publié sur six pages le 15 juin 2000 dans *Match*.

*

* *

Deux ans plus tard, Jean me propose au téléphone que nous dînions ou déjeunions ensemble à l'occasion de sa venue à Paris, prévue la semaine suivante. Je décline directement. J'imagine sa tronche dans son bureau à 9000 kilomètres de là. Je lui explique alors qu'il vient en visite d'État, donc qu'il sera certainement contraint de déjeuner à Matignon, de dîner à l'Élysée, puis au Quai d'Orsay. Bref, que nous ne parviendrons au mieux qu'à nous caler un petit déjeuner. Nous décidons de nous retrouver à son ambassade parisienne, avenue Montaigne.

Je l'y retrouve le jour convenu et lui demande s'il veut que je lui sauve le G8, ce sommet annuel des huit États les plus blindés, qu'il reçoit les 26 et 27 juin 2002. Jeannot ne voit pas très bien où je veux en venir. Je lui expose que lui et sa bande sont en réalité les meilleurs agents de relations publiques des mouvements altermondialistes. Désormais, grâce à eux, le monde entier connaît ces gauchistes excités, surtout depuis que la police italienne a flingué un étudiant à Gênes l'an passé. Ce à quoi j'ajoute que cette année, comme l'année dernière et comme l'année prochaine, ses copains iront poser alignés comme des saucisses. Une photo sans intérêt. Du coup, les rédactions du monde entier choisiront des images d'altermondialistes se faisant péter la gueule par la gendarmerie royale canadienne. Je lui propose d'obtenir enfin de belles images pour son sommet. Il appelle Bob Fowler, son sherpa du G8, amateur de photos, et lui explique mon projet de barjo. Il me présente en me nommant Joseph, une habitude dont il ne s'est jamais déparé. Du coup, Valoche adoptera ce prénom pour ma pomme. Le sherpa et lui me demandent comment obtenir les autorisations de Jacques Chirac, George Bush, Benito Berlusconi, Tony Blair, Vladimir Poutine, Gerhard Schröder et Junichiro Koizumi. Ma réponse est simple : « Ne leur demandez rien, tu es le président du sommet, le plus ancien membre et le pays qui reçoit, on fonce… »

Les journalistes ricains n'ont pas trop cette culture « paparazzesque », ils approchent les stars comme des membres du Congrès ou des patrons d'industrie, en passant par un service de presse et un carnet de rendez-vous. À l'époque, paparazzi est encore un privilège, une caste, un club très fermé qui regroupe à peine une cinquantaine de spécimens sur la planète, excepté en Italie. Aujourd'hui, nous sommes potentiellement quelques milliards avec nos téléphones transformés en caméras espionnes. Quelle tristesse !

Je passe les trois mois de négociation sans intérêt, jusqu'au jour où, excédé, j'appelle Bruce Hartley. Ok, tu viens, me répond le chef de cabinet. J'en parle à *Paris Match* où, comme souvent, on me prend pour un charlot. Pas question de me financer le voyage, je n'approcherai jamais du président des US… Puisque c'est ainsi, je me débrouille pour partir à Calgary, à l'ouest du Canada, la ville la plus proche de Kananaskis, l'endroit où se tiendra le sommet. Sans l'avoir prémédité, je me retrouve dans la même auberge que la délégation des envoyés spéciaux gaulois. Dans le hall, mes confrères inquiets m'observent, étonnés de me rencontrer dans cette province éloignée de mes terrains de jeu habituels. Le lendemain matin, j'entends mon nom prononcé dans les haut-parleurs de l'hôtel. À la réception, m'attend un officier de sécurité me priant de le suivre. Devant l'entrée, un cortège officiel avec motards, limousine équipée de deux drapeaux canadiens, voitures suiveuses. Le chauffeur sort de son char et, casquette à la main, m'ouvre la porte arrière droite. Nous partons pour Kananaskis, franchissons 23 barrages, dont le dernier, appelé « red red zone », est exclusivement contrôlé par les services secrets américains. Lorsque devant notre cortège s'ouvrent ces barrières, je me sens comme Moïse face à la mer Rouge. Nous nous garons sous l'auvent en rondins géant de l'hôtel à 414 piaules. Pas suffisant toutefois pour accueillir les 1 200 envoyés de la délégation américaine invités à participer à ce petit week-end à 200 millions de dollars canadiens.

En sortant de la caisse présidentielle je regarde à droite, à gauche, devant, en dessous, bref partout, pour m'imprégner de mon nouveau terrain de jeu et j'aperçois mon pote Chrétien en train de boire un coup avec un mec de dos. Il me prend chaleureusement dans ses bras :

— Ça me fait plaisir de te voir ! Tu as vu comme c'est beau ? Mais qu'est-ce que tu as ? Tu n'as pas l'air bien ?

Et là Saucisson, tu ne vas pas croire l'inspiration divine qui m'a visité, je lance :

— Où je dors moi ? Dans la forêt, avec les ours ?

Surpris, mon Premier ministre se retourne vers Bob et lui ordonne de me trouver immédiatement une chambre. Dans le même temps, le pote avec qui mon Jeannot buvait sa bière s'est retourné, stupéfait d'être planté avec sa pinte, je comprends sa tronche ; c'est George W. Bush, le 43e président des États-Unis. Tu vois un peu le tableau ? Chrétien abandonne un des plus puissants gars de la planète pour discuter le bout de gras de caribou avec un gros frenchie. Mon Jeannot se ressaisit, me présente à son invité et me demande si je veux boire un coup. Je sors mes Nikon et les photographie.

Me voici désormais installé dans une chambre grande comme un terminal d'aéroport, mais sans valise, sans même une brosse à dents... Je me sens légèrement un intrus dans ce cénacle de puissants, mais je me rassure en pensant que le porte-clés de ma chambre sera le meilleur des badges.

Et là, commence le festival des scoops. Car le G8 est un petit week-end de huit potes un peu chérot, huit hommes qui, après les réunions, bavardent de bagnoles, de foot et de gonzesses. Normal quoi ! Avant le dîner, nous nous retrouvons dans un salon. J'y partage un verre d'ice wine avec Chrétien, assis sur un canapé. Ses potes arrivent et s'installent autour de nous : Gerhard Schröder, Benito Berlusconi, Vladimir Poutine, Jacques Chirac et Tony Blair. Je réalise que je ne suis pas vraiment à ma place lorsque entre George Bush, qui s'assoit juste à ma gauche sur notre canapé...

Ils sont bien élevés ces invités donc ils nous écoutent nous parler. Je glisse discrète à l'oreille de Jean de me lâcher le bras. Tactile mon Jeannot, il n'en fait rien et continue de m'agripper. Le grand Chirac me regarde un peu bizarrement. Je transpire, je m'affole

Cette fois, je dis plus fort que, puisque tout le monde est rassemblé, je vais pouvoir faire mon boulot. Je me lève et m'installe derrière le canapé. Je commence une série d'images hallucinantes sur lesquelles les huit chefs d'État s'affichent morts de rire. Tu te demandes pourquoi ? Parce que le Premier ministre nippon a demandé à la cantonade si ces messieurs dorment avec leurs épouses et s'ils ne trouvent pas pénibles qu'elles bougent la nuit… Stupéfaction des sept autres. Bush répond qu'il devrait essayer un « *king size bed, man* ». Chirac poursuit : « *No, George. In Japan it is not king size bed, it is tatami.* » Et le chancelier allemand de s'engager : « *Ach Jacques, you will like to sleep with my wife ?* » Éclats de rire des huit. Clic-clac. Incroyables photos que cette hilarité qui fera le tour de la planète, sans qu'un seul journal m'appelle pour connaître l'origine de cette crise mondiale de fous rires.

Quelques minutes plus tard, le dîner leur est servi. J'accompagne mes nouveaux potes devant une table ronde. Huit couverts avec petits cartons devant chaque assiette, « Mister President of the United States of America George W. Bush », « L'honorable Premier ministre monsieur Jean Chrétien », « Monsieur le président de la République française Jacques Chirac ». En plaisantant, je demande à mon Jeannot où est mon carton. « Ce n'est pas encore le G9, mais ne t'inquiète pas, tu mangeras la même chose que nous avec les sherpas, à côté. » Les photos sont dingues.

Le lendemain, je suis résolu à pousser le bouchon plus loin encore. Dans la « Conference room » – pas besoin de te traduire, sinon tant pis, retourne chez Assimil –, tout le monde est présent, sauf Bush. J'ai trouvé un planning du programme des deux journées détaillé en 45 pages et minuté comme une recette de mon copain Olivier Bellin de l'auberge des Glazick à Plomodiern, deux étoiles au Michelin. Chaque déplacement, réunion bilatérale ou réunion plénière est chronométré. Donc George W. fait sa diva. Il se fait attendre cinq minutes, puis dix. Les autres s'agacent, ils regardent leur tocante. Et notre Chichi s'aventure : « Il se prend pour qui ? La reine d'Espagne ? » L'assemblée se gondole, lorsque entre Bush. Sentant l'animosité en suspension, le cow-boy du Texas ressort tranquillement de la pièce. Poutine se lève, le suit. Je leur emboîte le pas, imaginant le bourre-pif que le Cosaque va lui mettre. Scène incroyable, George se sert un petit café, du genre « vous allez m'attendre, je suis le boss ». Mon Vladimir lui touille un sucre dans sa tasse. Incroyable image que je ne loupe pas.

Le lendemain matin, tandis que je discute avec Jean Chrétien, deux molosses, déguisés en agents spéciaux du « secret service » se plantent devant moi, tournant le dos à Jean :

— Your badge, Sir ?

— I am sorry I do not have any !

Jean Chrétien, le taulier de la sauterie, essaie d'intervenir. Mais, regard noir du shérif, transperçant l'hôte de ces bois.

— No way, Sir !

Les deux me soulèvent et me transportent sous une tente, un centre de sécurité. Jean prévient les responsables. Peu après, mes sbires se métamorphosent en anges gardiens et m'offrent le sésame planétaire, le fameux badge « red red zone ». Je ressors adoptant désormais une allure présidentielle seyant au photographe officiel des Huit. Redoutant les conséquences d'un éventuel contrôle des photos que j'ai prises sans badge, je me dis qu'il serait utile de me protéger en mettant mon Zident dans la confidence. Je l'invite à partager un petit coup au bar. « Très bonne idée, une bonne bière nous fera du bien », réagit joyeusement Chichi. Il entraîne son sherpa et s'accoude au comptoir pour s'enfiler ses trois canettes. Je me glisse derrière le comptoir et déclenche mon Nikon. Bush nous rejoint, l'imite en se collant directement à la bouche une bouteille de bière. Considérant que le bonhomme est un alcoolique officiellement sevré ayant juré de ne plus avaler une goutte, je calcule que mon image vaudra son poids de dollars. *Newsweek* me l'achètera 80 000 petits billets verts, mais l'agrandissant à l'extrême, je lirai sur l'étiquette de la bouteille qu'il s'agissait d'une « Budweiser without alcohol ».

Dans la soirée, je surprendrai Chirac confiant à Tony Blair et à leur homologue nippon comment en 1995, trahi par tout le monde, n'ayant aucun espoir d'être élu, il se rendit seul dans une auberge japonaise au pied du Fuji-san. Il décida d'escalader le mont, emprunta les chaussures de sport d'un de ses officiers de sécurité, et arrivé au petit matin au sommet, il s'assit pour assister au spectacle grandiose du lever de soleil, et décida à cette seconde de se présenter malgré tout à l'élection présidentielle. Caché derrière le comptoir, je frissonne.

J'entends la petite histoire de l'Histoire, bonheur suprême du journaliste.

Le lendemain, je m'arrange pour que mon Jeannot fasse venir Valérie Trierweiler, restée enfermée avec les milliers de journalistes à Calgary, y suivant le sommet en vidéoconférence. Elle réalise une interview exclusive du Premier ministre, à laquelle j'ajoute mes anecdotes comiques. Las, *Match* préférera publier un texte de Jacques Attali.

Texto d'Agnès : « On déj ? »

J'annule tout. Je fonce la chercher à Levallois. Je lui raconte l'histoire, en fais des caisses, elle hurle de rire. Je lis beaucoup de tendresse dans ses yeux dorés, un peu d'émotion. Naïf, j'y crois. Je lui prends la main. Elle ne la retire pas. Pourtant, je n'y sens que de l'amitié. Je la reconduis. Le soir, en vrac, je rêverai d'elle…

CHAPITRE ONZE

Marlon Brando rit d'être volé

Traqué dans son faré, l'acteur, invisible depuis huit ans, nous échappe. Je drague ma cousine en voyage de noces. Brando se terre en Californie. Deux mois de folie pour parvenir à lui détourner ses photos les plus intimes. Notre coup le plus fumeux. Et le plus onéreux.

Bruno Mouron et moi affichons un coquet tableau de chasse. Peu de stars, de têtes couronnées, de chefs d'État, d'acteurs, de chanteuses qui n'aient pas eu l'honneur et la désagréable surprise de se faire surprendre par nos Nikon. Cependant, il en est un qui demeure inaccessible et parfaitement caché. Il vit dans une réclusion suspicieuse, se méfiant de tout son entourage, il contrôle obsessionnellement toutes les informations qui pourraient s'échapper de son antre. Nous ne l'avons jamais croisé. À Hollywood, il est nommé « the boss » : Marlon Brando, l'empereur du cinéma mondial. Nous adorons les monstres sacrés, et surtout, frissonnant en cet hiver 1984 frisquet dans la capitale française, nous considérons qu'il serait dommage de ne pas nous faire payer un séjour dans l'hémisphère Sud. Eaux cristallines, palmiers, plages de sable corallien, coups de soleil, moustiques qui te bectent toute la nuit et décalage horaire infernal. Les informations dont nous disposons sont ténues. Brando vivrait retiré du monde sur un atoll de Tahiti, protégé – dit la rumeur – par des tribus d'Indiens, de Polynésiens et de Palestiniens. Aucune photo n'a été prise de lui depuis huit ans.

Nous proposons en conférence de rédaction une petite virée en Polynésie ; il suffirait que nous louions un yacht, avec lequel nous échouerions sur l'atoll de Marlon, ce dernier nous sauverait du naufrage et nous ferions ainsi quelques images souvenirs de notre bon Samaritain. Sous les quolibets de nos confrères qui nous suspectent de préférer bronzer aux frais du canard afin d'éviter le fait divers tragique qui bouleverse alors les Vosges, les chefs refusent catégoriquement. Je ne saurais exclure qu'une fois encore, le fait de porter quotidiennement des chemises à fleurs, que je me fais envoyer de Maui (Hawaï), ait joué, comme notre bronzage parfait, en notre défaveur. Indignation véhémente de Bruno et de ma pomme. Puis, réalisant que nous avons environ deux années de congés payés en retard – il était alors indécent de songer à prendre ses vacances –, nous décidons de pallier ce scandaleux oubli en prenant notre pause méritée à Tahiti. L'œil amusé de Jean Durieux, le boss de la rédaction, nous rassure. Nous pourrons revenir bosser malgré nos vacances, cette parfaite faute de goût.

Tahiti, c'est loin, c'est cher. Nous cassons nos plans d'épargne, nos plans de retraite, nos fonds de tiroir et partons. Première surprise dans le vol Paris-Los Angeles, où nous croisons André, un ancien du journal, également aux basques de Marlon. Comment peut-il voyager dans le même avion que nous, de surcroît sur le siège voisin du nôtre ? Nous n'aurons jamais d'explication. Pour neutraliser cet ennemi, nous fourbissons un plan. À l'escale de Los Angeles, il est accompagné d'une copine polonaise sans visa. Considérant qu'il ne serait pas élégant d'abandonner cette jeune femme dans la Cité des anges, nous faisons escale, espérant le convaincre d'y demeurer en trouvant un autre sujet à photographier.

Nous nous installons dans un motel pourri. Coups de pied dans les matelas pour en chasser les colonies de cafards. Nous tuons le temps, nous imaginant être les personnages d'Edward Bunker, auteur de ce livre incroyable, *Aucune bête aussi féroce*, ou ceux de John Fante dans *Demande à la poussière*, deux de mes écrivains préférés. Nous tâchons de persuader notre Dédé qu'il trouvera son bonheur en photographiant Warren Beatty ou Jack Nicholson. Il n'abandonne pas, il nous colle et nous repartons tous les trois vers Papeete, laissant la jeune Polonaise aux mains des douanes américaines.

Arrivée à Tahiti. Un correspondant de *Match*, ancien photographe des soirées d'Agathe Godard, la journaliste spécialiste des mondanités, nous décore des traditionnels bouquets de fleurs de tiaré. Au fond de l'aéroport, mon regard est attiré par une pancarte « Tetiaroa » accrochée au-dessus d'un petit bureau. Notre ami tahitien nous explique que pour 80 euros par jour il est possible de se rendre sur le fameux atoll de Brando, qu'en fait de forteresse impénétrable la star hollywoodienne a transformé son paradis en hôtel ! Le plus dingue, c'est que nous sommes déçus. Nous qui imaginions d'audacieux plans d'abordage, des naufrages volontaires, nous voici réduits à réserver une chambre d'hôtel… Nous qui adorons conquérir avec panache et dans l'adversité nos photos, nous qui racontons à nos chefs nos reportages les plus commodes comme d'impossibles missions durant lesquelles nous serions de justesse parvenus à sauver nos clichés, nous voici réduits à attaquer l'île en deux vagues.

André partira seul en repérage du site. Une semaine passe, André rentre. Il porte un informe chapeau de paille, une chemise improbable, de grotesques lunettes de soleil, sa peau est totalement desséchée. Il marche en sortant le ventre. Intrigués, nous lui demandons ses photos de Brando. Il rit et nous répond être Brando. Et je me rappelle alors qu'à Paris, il était surnommé Dédé le mytho. Il se transformait par mimétisme et folie en son propre sujet de reportage, disant vouloir vivre de l'intérieur l'histoire sur laquelle il enquêtait. Je me risque à le questionner :

— Brando, c'est toi ?

— Oui, je lui ai piqué son chapeau, sa chemise et ses lunettes.

— Et les photos ?

— Ce n'est pas grave. J'en ai fait une ou deux avec une noix de coco dans les mains. Mais ne t'inquiète pas. C'est facile, il ne va pas bouger.

— Vraiment, tu es trop con ! Tu passes une semaine chez Marlon, au lieu de te déguiser pour lui piquer ses rôles, tu aurais pu faire des images incroyables !

Nous débriefons notre faux Brando, obtenons de lui qu'il nous croque un plan, qu'il nous donne des cartes et quelques photos de l'atoll. J'ai mis à profit ma semaine à Papeete pour trouver un alibi en la charmante personne d'une shampouineuse, un peu vulgaire, avec laquelle je pourrai jouer au couple en goguette. Un rôle qui éveillera moins les soupçons que l'attelage comique de Bruno et moi déguisés en espions.

Certains collègues n'ont jamais compris notre stratégie. Ils nous prennent pour des frimeurs, des aristos déguisés en reporters. Ils n'ont jamais compris qu'il est bien plus efficace de se montrer que de se cacher. Arborer une tenue smart et une dégaine décontractée permet d'approcher mieux sa cible que ne le font certains respectueux, qui se carapatent dans des hôtels ripoux à 50 bornes de l'objectif. Quand ils en sortent, la mine blanche comme un lavabo, chemise en jean et blouson de blaireau à 72 poches, ils se font repérer aussi vite qu'un Pygmée se ferait remarquer chez les Bantous. En atterrissant sur la petite piste en corail concassé qui traverse de part en part un des treize motus (îlots) de Tetiaroa, nous nous prenons en pleine poire la beauté sauvage de ce bout du monde. Un atoll a ceci de particulier que n'ayant aucun relief – la partie la plus haute culmine à quatre mètres –, il flotte, ni vraiment sur la terre, ni totalement en mer. Au milieu du Pacifique, à des milliers de bornes de tout voisinage, tu y marches comme sur un bateau immobile, bercé par le bruit incessant des vagues venues se fracasser sur le récif. Bon, je m'égare, Saucisson, je dois revenir à l'essentiel, me souvenir que je ne suis pas en vacances, mais en mission avec mon pote Bruno pour retrouver une star.

Lorsque nous débarquons du petit avion d'Air Polynésie, piloté par le père d'un de mes copains d'enfance à Morgat, nous croisons notre monstre Marlon, qui embarque dans le même avion en direction de Papeete. Panique. Nous nous rassurons en espérant qu'il soit juste parti effectuer quelques emplettes dans la grande île dont il reviendra rapidement. On s'installe dans notre faré en paille à deux mètres du lagon. Ils sont une dizaine, tous identiques. Leurs parois se poussent avec un grand bâton. Ainsi plantée dans le sable, la cabane se transforme en un grand parasol ouvert aux quatre vents. Nous commençons en pirogue l'exploration des îlots, nous baignant dans une eau que le soleil a chauffée jusqu'à trente-trois degrés. L'île aux oiseaux, à l'autre extrémité de l'atoll, est d'une époustouflante beauté, des centaines de frégates y ont élu domicile, elles piquent du ciel pour se saisir du poisson que tu leur tends à bout de bras. Une scène que Claude Lelouch viendra tourner ici pour son film *Itinéraire d'un enfant gâté.*

À force de pagayer dans le lagon, nous découvrons l'immense faré du propriétaire. Sur son toit est installée une vaste antenne de radio amateur, la même que celle dont il dispose dans sa maison de Los Angeles. Nous savons que l'acteur communique ainsi avec quelques correspondants éparpillés à travers la planète. Son faré n'est pas fermé. Ce qui explique comment Dédé a réussi à lui emprunter son déguisement de mini Brando.

Chaque jour, nous surveillons l'arrivée de l'avion, mais notre proie n'apparaît pas. Son absence commence à nous inquiéter. Nous tuons le temps. Je drague une jolie fille sur la plage. Le soir, à la longue table d'hôtes, où nous partageons nos repas, cette gracieuse plagiste s'arrête stupéfaite en lisant le carton sur lequel figure le nom des dîneurs.

— Mais tu es le fils de Patrice ? C'est toi le journaliste de *Match* ?

J'éternue pour ne pas la laisser finir sa phrase et la prends à part pour lui dire son erreur, lui raconter que je suis producteur en vacances comme tous les autres blaireaux de l'île.

— Tu racontes des conneries, Pascal. Je suis ta cousine en voyage de noces, d'ailleurs mon mari voulait te casser la gueule en te voyant me draguer. Tu es là pour Brando ? Dommage, car avant qu'il ne parte, nous petit-déjeunions, déjeunions et dînions avec lui tous les jours. Il est super sympa. Tu es un enfoiré de venir jusqu'ici pour l'emmerder. De toute manière, c'est trop tard. Il nous a dit qu'il repartait et ne reviendrait pas avant plusieurs mois. Il est allé retrouver un de ses mômes à Hawaï.

Vingt-deux heures de vol et douze de décalage pour tomber sur une cousine inconnue que tu dragues alors qu'elle est en voyage de noces. Pas de bol, me dis-je, en lui faisant remarquer qu'elle aurait dû m'inviter à son mariage pour m'éviter l'impair. Naufragés du scoop, nous décidons de visiter la Polynésie, la vraie, pas celle des touristes occidentaux. On s'envole pour Maupiti. Faute d'hôtel, nous imaginons découvrir les charmes de l'hospitalité des vahinés. Mauvaise pioche, le motu est désert. Personne pour nous rapatrier vers l'îlot principal. On poireaute sous un cagnard satanique, avant qu'un pêcheur, auquel nous adressons de grands signes, daigne détourner sa route. Pour cent balles, il nous fait traverser le lagon et nous dépose sur l'embarcadère du bled. On lui demande s'il y aurait un endroit pour dormir. Il se casse sans un sourire. Ce n'est pas grave, nous sommes de grands reporters, non ? Une indigène accepte que nous passions la nuit dans sa masure en parpaings et toit de tôle. Le lendemain, une nouvelle taulière nous récupère en pirogue et nous emmène sur un motu habité d'une dizaine de farés. Nous sommes les seuls clients de l'auberge. Et découvrons que pour vivre au paradis mieux vaut être doté d'une vie intérieure intense. Malgré nos trois heures de marche quotidienne, nous finissons par parler aux crabes. Il faut qu'on se tire très vite si l'on ne veut pas finir barjo. Un bruit de scie électrique nous distrait. En passant derrière le faré-cuisine en face du faré-salle à manger à côté du faré-chiottes, on aperçoit la cuisinière-pêcheuse-femme de ménage occupée à découper à la tronçonneuse une tortue géante posée sur le dos. Menu du dîner : soupe de tortue, steaks de tortue et gâteau de tortue.

Cette fois, il faut qu'on parte. Retour à Papeete. Quelques heures dans le bureau d'Air France pour y changer nos billets – nous voulions en effet repartir par la route des Indes –, lorsque j'entends au guichet voisin une femme réserver huit allers simples pour Los Angeles au nom magique de Brando. Toute la famille en partance pour les fêtes de Noël autour du patriarche. Après avoir scrupuleusement noté leur numéro de vol et sa date, nous embarquons dans le vol précédant le leur en direction de la Californie.

Viendra-t-il en personne chercher sa tribu à l'aéroport ? Gagné, il est là, devant nous, en très bonne chair et en os. Sous nos yeux, après un mois de traque. On se jette sur lui comme des naufragés du *Bounty* apercevant un milk-shake, comme les paparazzi ritals sur la via

Veneto et surtout sans se cacher. On n'aborde pas Dieu de façon réfléchie. Nous rêvons de lui parler. Et que crois-tu, Saucisson ? Que Marlon Brando va nous inviter à boire une piña colada chez lui et nous raconter sa vie ? Il s'avance vers nous, serrant les poings, le ton mauvais, il nous crie de déguerpir sur-le-champ et s'engouffre dans une limousine direction les collines de Mulholland. Puisque c'est ainsi, nous attaquerons sa résidence hollywoodienne.

Brando partage son terrain avec Jack Nicholson et Shirley MacLaine. Les trois stars y ont fait construire leur maison par Alberto, notre ami architecte, un Italien arrivé là, vingt ans plus tôt, avec 500 dollars en poche. Alberto nous aide à mieux appréhender les lieux mais, surtout, il nous fait comprendre que l'endroit, situé au sommet d'une colline, est inaccessible. Nous louons un hélico pour survoler la zone et nous en profitons pour réaliser le premier reportage des villas de stars vues du ciel. Deux fois dix-huit pages dans *Le Figaro Magazine*. Une idée que nous reprendrons à Saint-Tropez, Ibiza, Malibu, Palm Springs et Santa Barbara.

Par des amis californiens, nous apprenons que notre pote Brando doit s'envoler avec sa tribu pour Cabo San Lucas en Baja California, au Mexique. Il y a réservé les deux plus belles villas de l'hôtel Twin Dolphins, un des plus luxueux palaces de l'endroit. En cette saison des fêtes de fin d'année, quel lieu plus sympa pourrions-nous trouver pour célébrer le retour de la Brando family dans les journaux du monde entier ? En réservant notre séjour pour milliardaires, notre carte de crédit commence sérieusement à se liquéfier tellement elle fond, or nous ne sommes pas couverts par les frais illimités de *Match*.

Cabo San Lucas est une charmante localité dont la plage sublime et un puissant spot de glisse lui ont valu de devenir le rendez-vous mondial de la communauté des surfeurs et des hordes de hippies. Passé les années soixante, des palaces démesurés y furent bâtis. Toutefois, dans l'avion, notre enthousiasme s'est rafraîchi en découvrant que les deux premières rangées de sièges, celles que la famille Brando a réservées, demeurent vides. Échec cuisant et coûteux. Retour bredouille sur les collines d'Hollywood. Nous ne lâchons jamais et nourrissons même une incroyable animosité envers l'acteur. Nous le poursuivons pour l'emmerder depuis deux mois, il ne nous a rien fait, ne nous a rien demandé et pourtant nous lui en voulons férocement.

Après une semaine de planque aux abords de sa propriété, quatre voitures de chicken nous encerclent, sirènes hurlantes, et nous braquent comme si nous avions l'intention de nous attaquer à la Réserve fédérale. Nous prenons naturellement notre meilleur accent franchouillard et, sans bouger une demi-paupière afin de ne pas être transformés en passoire, Bruno et moi essayons lamentablement d'expliquer que nous sommes les candidats malheureux d'un énorme jeu de piste planétaire, que nous avons rendez-vous à cet endroit précis sur Mulholland Drive jusqu'à ce que la prochaine équipe arrive. Ce scénario stupide fonctionne. Les Ricains sont de grands enfants aimant jouer, ils n'envisagent même pas qu'on puisse mentir. Après nous avoir fouillés, palpés et demandé si nous étions homosexuels ou drogués, ils nous autorisent à rester garés. Les jours suivants, les voitures de patrouille du LAPD, de la Mulholland Patrol et de la Beverly Hills Police s'arrêtent pour prendre des nouvelles de notre jeu.

Soudain, une limousine, celle qui est venue à l'aéroport récupérer les Brando, quitte la propriété. Nous la prenons en filature. Elle s'arrête devant un labo photo. Je bondis dans le bouclard où je suis une charmante femme qui laisse deux pellicules au nom de Tsubaki. Elle promet de repasser dans une heure. Je joue au client et achète quelques films. Nous planifions que cinquante-cinq minutes plus tard, Bruno passera récupérer les deux films pour Tsubaki. Je resterai au carrefour pour cogner la limousine et rédiger un constat, ce qui fera gagner du temps à mon complice. Cinquante-cinq minutes plus tard, Bruno entre chez le développeur de photos et explique au Mexicain à la caisse qu'il a perdu son ticket. Contre 28 dollars, il lui remet les deux pochettes. Fébriles, nous regardons la première : des objets, des meubles ou des paysages. Dans la seconde, le miracle se produit : Marlon avec toute sa tribu, assis tel un pacha, à ses pieds, sur des matelas posés à même le sol, ses enfants, ses femmes, ses maîtresses. Des images incroyables. Heureux comme des gangsters qui auraient braqué une banque, nous nous sentons minables d'avoir traqué la star jusqu'au bout du monde pour la trouver finalement dans une pochette surprise.

Les images feront le tour de la planète médiatique, publiées dans une vingtaine de pays.

Roger Thérond, auquel nous racontons les circonstances acrobatiques de cette récupération, imagine un subterfuge. Il nous demande de les publier d'abord en Italie, ainsi Brando n'imaginera pas que l'idée venait de nous, ce qui permettra peut-être d'éviter des soucis judiciaires. Nous renverrons les films et tirages à leur propriétaire avec un petit mot de remerciement et en lui faisant cadeau des frais de développement. Alberto nous expliquera plus tard que la ruse a fait hurler de rire la vedette.

Message d'Agnès sur mon répondeur : « Vous êtes vraiment des salauds sans foi ni loi, je ne veux plus te revoir. Adieu. » Comment ai-je pu décevoir l'amour de ma vie pour attraper une image stupide d'un vieil acteur ? L'interdit m'électrise, il m'excite. L'impossible me désespère. Ce mot lugubre ne me concerne pas. C'est comme le code de la route. Ne cherche plus, Saucisson, pas d'excuse débile, tu l'as perdue, tu as perdu l'amour de ta vie et tu sais bien que tu ne t'en relèveras jamais.

CHAPITRE DOUZE

La prof de yoga et le petit-fils d'Adolf

Des coups foireux il y en eut, comme ces trois mégots du supposé petit-fils d'Adolf et les galipettes d'une prof de yoga avec une défunte rock-star de la chanson française. Des kilomètres perdus dans une Volvo qui sent le jambon gras et le cigare. On ne gagne pas à tous les coups.

Je m'en voudrais de te mentir, Saucisson ! Il ne faudrait pas que tu croies que j'ai passé ma vie à collectionner les exclusivités. Mes gros coups sont en vérité les parenthèses de ma carrière. J'ai eu des mois maigres, j'ai ramassé des tuyaux crevés, j'ai traqué des fantômes et raté des sujets. Je me suis même déjà endormi en planque, laissant s'échapper la cible. La poisse fait partie du jeu.

C'est l'histoire d'un Boche. Il a 19 ans en 1917, il est posté dans les Ardennes. Il passe ses permissions à jouer aux roulades dans les champs de blé avec une paysanne peu farouche. De cette union naît un garçon, que nous appellerons Jacob. Des années plus tard, Jacob est au chevet de sa mère, qui lui révèle avant de mourir son lourd secret :

— Oui, mon fils, ton père était Adolf Hitler.

Jacob est manœuvre dans une usine de Caterpillar. Il a trois enfants, dont Johan, le dernier, est son portrait craché. Le soir, Jacob leur raconte la belle histoire du grand-père, mort au combat, ce peintre génial qui apporta le progrès dans un pays meurtri par la guerre, ce visionnaire qui voulut changer le monde et y serait parvenu si l'hiver 43 n'avait pas été aussi rude. Chaque matin, avant de quitter à 5 h 30 sa maison de briques rouges, il darde de ses petits yeux noirs le portrait d'Adolf. Alors, il se sent fort. Seulement, cette histoire secrète le ronge. Il aimerait lui aussi accéder à la notoriété planétaire, faire savoir qu'il est le fils du type le plus haï du monde. Il contacte un avocat, qui lui fait rencontrer des journalistes et des historiens.

Le « fils caché d'Adolf Hitler » fait ainsi son entrée dans la liste de sujets idiots qui fleurissent dans les kiosques au printemps. Les historiens les plus chevronnés reconnaissent que, malheureusement, rien ne peut contredire efficacement la thèse de cette étrange filiation. Ardennes et 1917, ça colle. Physiquement, il lui ressemble. Mentalement, il est un pauvre type qui se croit exceptionnel. Faute de preuves, Jacob n'est certes pas admis au club des fils de dictateurs, mais sa thèse n'est pas discréditée. Il meurt dans un relatif anonymat, léguant à son fils Johan cet héritage bien rance.

— C'est vrai que je suis celui de la famille qui ressemble le plus à grand-père, me dit l'héritier, ce jour de mars 2012, en fixant le portrait d'Adolf dans son cadre poussiéreux.

À cet instant, son regard m'emplit d'effroi. Il est terrifiant. Comme son histoire s'avère plausible, je lui propose de se soumettre à un test ADN.

— Je veux bien faire un test ADN, mais pas à n'importe quelles conditions. Je veux des garanties et je veux des royalties, me répond Johan.

Il me demande tranquillement si je pense que les droits d'auteur du grand-père découlant de son livre, *Mein Kampf*, seront assez conséquents… Je le laisse calculer. Un plan se dessine dans ma tête.

De retour à Paris, je demande à mes copains de *Match* de rédiger un contrat exclusif proposant une rétribution faramineuse. Il me servira d'appât pour détourner son attention. Quelques jours plus tard, je retrouve le supposé petit-fils d'Hitler et lui présente le contrat « exclusif ». Il m'offre un café tiède. Il fume une, deux puis trois cigarettes. Il déplie ses demi-lunes et commence à lire le contrat. Tandis qu'il se tient ainsi face à moi, je déplie un sachet en plastique de la main gauche, puis, avec la droite saisis ma pince à épiler et attrape un mégot, deux mégots, trois mégots. Johan pose le document. Il observe le cendrier vide. Silence. Son berger allemand grogne. Je me surprends à craindre que la fureur familiale n'éclate devant moi.

— Ouais, je ne suis pas sûr que ça vaille le coup votre truc-là, ronchonne l'Allemand.

Je pousse un soupir. Mon œil est attiré par sa bibliothèque emplie de souvenirs interdits, qui à eux seuls justifieraient qu'il soit condamné à la prison. Le gars hésite, il me dit qu'il va réfléchir, en parler avec ses avocats, avec les journalistes anglais et américains qui doivent eux aussi lui faire des propositions. Je sens qu'il a le vertige. Car si son histoire est vraie, il deviendra le jouet mauvais de la société du spectacle. Et si elle s'avère fausse, toute sa mythomanie de nazillon tombera en miettes. Je le quitte, la réponse à ses questions dans ma poche : trois mégots. C'est pas si compliqué, Adolfo.

Le soir même, je partage une marmite de moules-frites avec un journaliste flamand. Je lui tends mon sachet en plastique contenant les mégots. Il sourit. Philippe est la seule personne au monde à posséder un échantillon d'ADN d'Adolf Hitler, il me promet une réponse à ma question dans dix jours. Cet enquêteur belge s'est rendu en Autriche dans le village d'origine des parents d'Adolf. Il a frappé aux portes de leurs cousins, dont plus aucun ne s'appelle Hitler. En 1945, ils ont fait changer leur patronyme maudit. Auprès des Huttler, des Hilder ou encore des Hitter, le journaliste recueille discrètement des échantillons pour les tests du chromosome Y. Puis il s'envole vers New York, où nous savons, depuis les travaux de David Gardner en 2002, que les trois fils du demi-frère d'Adolf Hitler résident. Ils sont installés à Long Island.

Philippe retrouve la maison des descendants du Führer. Il s'en approche, mais manque de se prendre une balle de 22 long rifle. Dans la famille, on ne rigole pas :

— Si vous approchez, je vous bute.

Philippe fait alors ce que tout bon journaliste finit toujours par faire : il planque. Il prend en filature le pick-up des neveux jusqu'à un fast-food. Il parvient à y chiper une serviette en papier pleine de graisse de frites McDo, sur laquelle un des neveux d'Adolf s'est essuyé les paluches. Bonne nouvelle, les ingrédients du fabricant de hamburgers n'ont aucun chromosome commun avec le Führer. Ses neveux en revanche, oui. De retour à Bruxelles, notre enquêteur fait analyser et comparer les échantillons. Bingo ! L'ADN des neveux de Long Island est le même que celui des cousins autrichiens. Il s'agit donc bien de l'ADN d'Hitler. Philippe stocke sa trouvaille dans un laboratoire. Lorsque je lui apporte les mégots du « petit-fils caché d'Hitler », mon ami flamand est pressé de connaître enfin la vérité sur cette histoire, qui empoisonne régulièrement la presse. Et dix jours plus tard, il m'appelle :

— Ton type a le même degré de parenté avec Adolf Hitler que toi et moi. C'est un mytho.

Je suis déçu mais ne suis pas surpris. J'en viens presque à plaindre ce type qui n'a que cet héritage monstrueux pour donner un sens à sa pauvre existence. Désormais, je sais que l'interview exclusive du supposé « petit-fils d'Hitler » ne vaut pas un clou. Ce qui n'empêchera ni le *Daily Mail* ni *Le Point* de consacrer une large place à cette supercherie nauséabonde, qu'ils titreront avec tapage, allant jusqu'à la présenter comme une enquête exclusive.

Je rigole quand les gardiens du temple de la déontologie se prennent les pieds dans le tapis. Les bons journalistes sont ceux qui osent ne rien écrire quand les autres s'empressent de tout raconter. Les bons sont ceux qui la ferment, quand d'autres alignent des stupidités. Grâce à Internet, tout le monde peut colporter une bêtise, face à laquelle les enquêtes fouillées, parfois décevantes car moins sensationnelles, présentent moins d'attrait. Ainsi confrontés à cette impitoyable concurrence, les journalistes ne savent plus quoi inventer. Pour se faire remarquer, les photographes de guerre jouent les espions (à la solde d'un gouvernement qui recherche les preuves d'une attaque chimique...). Les journalistes politiques font office de conseillers des puissants, parfois sans même s'en rendre compte. Les journalistes « people » se transforment en agents 007 équipés de trackers GPS et de brouilleurs d'écoutes téléphoniques... Enfin, les patrons de presse sont les toutous de leur administration, lesquelles passent leur temps à économiser de l'argent en rognant sur les coûts.

Paris Match est l'un des derniers titres où il est encore possible de dépenser sans compter pour rapporter une histoire ou une photo. Nous cherchons le scoop, la *matière première*, et laissons aux autres le soin de le commenter.

*

* *

Au milieu du mois de mai 2013, je reçois un appel : Michel Berger, vers la fin de sa vie, avait connu une grande histoire d'amour. Sa mort accidentelle, vécue comme un drame national, a gommé cet épisode. L'artiste et sa nouvelle compagne, un mannequin allemand, venaient de s'installer dans une maison en Californie. Le nom de cette jeune fille est resté secret jusqu'à maintenant.

— On veut que tu retrouves Barbara Holzkirchen.

— Barbara qui ??

À peine ai-je le temps de comprendre l'histoire, que je monte dans un avion accompagné d'un journaliste de *Match*, direction Munich. Que sait-on de Barbara Holzkirchen ? Pas grand-chose. Elle est prof de yoga en Allemagne. Le journaliste m'indique qu'il aurait trouvé une certaine Barbara Holzkirchen, professeur de relaxation dans un centre de méditation transcendantale. Un village perdu dans les collines verdoyantes bavaroises, au milieu duquel coule une rivière. Nous nous arrêtons dans le seul hôtel dont nous sommes les uniques clients et partons visiter le centre de méditation.

Dans la cafétéria, nous consultons des ouvrages sur la purification des esprits, nous dégustons du lait de soja, des biscuits à l'avoine et de l'eau purifiée. Je vais enfin pouvoir attaquer mon 72e régime. Mes manières gauloises et mon éternel havane scotché aux lèvres troublent les rares pensionnaires que je croise dans ce décor qui me rappelle l'ambiance du film *Shining*. Un mage portant une longue barbe blanche nous interpelle et nous invective en allemand. On comprend qu'il s'agit du professeur en personne. À ses côtés, son assistant traduit :

— Vous n'avez rien à faire ici. Ce que vous faites n'est pas bien.

Il ignore pourtant qui nous sommes et ce que nous venons chercher. Nous avons l'impression de déranger une secte. On part. Finalement, un passant nous donne l'adresse de Barbara Holzkirchen. Elle habite en face de notre hôtel. Il est un peu tard pour sonner à sa porte et il fait trop nuit pour faire une photo. Nous préférons attendre le lendemain. Au petit matin, je la photographie sur le seuil de sa maison. On se présente. Elle nous répond avec un grand sourire. Lumineuse personne. Elle parle français couramment. Toutefois, un détail nous frappe : Barbara Holzkirchen doit mesurer 1,60 mètre. Un peu petit pour un mannequin… Lorsque nous lui demandons si elle connaît Michel Berger, elle éclate de rire :

— Vous êtes venus de Paris parce que vous croyez que je suis l'amie de Michel Berger ?

— Euh, non. En fait il est mort depuis vingt ans. Nous cherchons une Barbara Holzkirchen qui a été son amie.

Elle ne nous croit pas. Elle nous prend pour des dingues. Elle trouve notre histoire drôle.

Il y a d'autres Barbara Holzkirchen, qui traînent entre le Bade-Wurtemberg, la Saxe, la Rhénanie et le Mecklembourg-Poméranie occidentale. À Paris, une équipe de stagiaires du journal passe Internet au peigne fin et épluche les pages blanches des bottins de toute l'Allemagne pour nous aider. Ils nous en ont trouvé trois autres. On n'est pas couché...

Après des heures de route, nous traversons Heidelberg, haut lieu du romantisme teuton, foyer de la réforme protestante. Alors que le journaleux conduit les yeux mi-clos en se plaignant de l'odeur de cigare qui embaume dans la Volvo, je rêve une fois encore au film *Laura* d'Otto Preminger, l'histoire d'une star disparue. Traquer une vedette morte, cela confine au grand art. Rapporter un scoop depuis l'au-delà, quelle magnifique gageure. Je dois trouver une motivation poétique à mon beau métier, qui parfois se transforme en chasse à la supercherie. Imaginons que nous retrouvions la vraie Barbara et qu'elle se confie à nous, alors, la France entière voudra frissonner, pleurer, sourire, s'émouvoir. Michel le pianiste aurait donc craqué pour une groupie...

Notre GPS nous conduit jusqu'à un village à flanc de colline, dans une rue où les pavillons se succèdent à l'identique. Difficile de traîner sans se faire repérer. Nous n'avons pas le style local. Barbara Holzkirchen, professeur de yoga, a laissé la porte de sa maison ouverte. Nous la planquons depuis notre voiture qui ressemble à une poubelle sur roulettes. Les mégots de cigares débordent du cendrier, les canettes jonchent le sol et les tranches de jambon blanc sont coincées entre les banquettes. Verdâtre, mon collègue inspecte les alentours en titubant.

Barbara sort avec son chien. Elle est grande, svelte, la taille élancée, elle paraît avoir une petite cinquantaine. C'est elle. Il n'y a aucun doute. On y croit, on y croit comme à chaque fois. Le jour où nous n'y croirons plus, je pourrais raccrocher mes Nikon et retourner pêcher les plus gros bars du monde dans le raz de Sein. J'ai le soleil dans le dos. Barbara apparaît nettement. Elle est belle, elle est blonde. Le chien est dans le cadre. Si c'est elle, nous avons notre couv de *Match*. Les images sont assurées, il ne nous reste plus qu'à la faire parler.

Dix minutes plus tard, nous sommes dans son jardin, buvant un verre de lait de soja, en train de chercher dans l'annuaire les autres Barbara Holzkirchen de Rhénanie. Elle aurait aimé avoir une histoire à nous raconter tant elle voudrait qu'on lui fasse un peu de pub, car ses cours de yoga ne marchent pas fort dans la région de Heidelberg. Mais elle n'a jamais rencontré Michel Berger.

Sur la route, je passe un coup de fil à Georges, le patron d'un studio d'enregistrement parisien, qui, depuis quarante ans, a vu défiler toutes les stars de la chanson française. Je l'ai connu à l'époque où je m'étais lancé avec Bruno dans la production de disques. Le DJ de chez Castel nous avait proposé de produire Nancy, sa fiancée, un mannequin canadien dont nous étions tombés immédiatement amoureux. Elle chantait tous les matins sous sa douche et, d'après notre pote, risquait de devenir la prochaine Patti Smith. Il voulait nous taxer 5 000 balles pour produire son album. Nos seules connaissances de producteurs se limitaient alors à Darryl Zanuck et les 5 000 balles se transformèrent rapidement en un puits sans fond. Nous leur offrîmes des vacances de stars, ils nous présentèrent nos futurs coproducteurs, qui produisaient déjà Philippe Lavil. De drôles de gus, chemise ouverte sur torse velu et gourmette en or qui parlaient de Nancy en termes de produit.

Ces coproducteurs nous ont annoncé le prix : 80 000 francs. Nous leur avons expliqué pouvoir nous passer d'eux. Nous avons embauché l'arrangeur de Kim Wilde et d'Olivia Newton-John, le plus grand musicos de l'époque. Malgré son souhait d'enregistrer aux Bahamas, on a loué le studio de Georges à la porte de la Chapelle. Georges souhaitait prendre des parts, car cette Nancy avait une voix incroyable. Son titre-phare, en anglais : *I never give up*, allait faire un tube. Nous y avons cru et je pus enfin fumer légitimement mes havanes. Au début de l'été, après une semaine passée en studio, le titre était enregistré et mixé. Il ne nous restait plus qu'à trouver la maison de disques pour le distribuer. Seulement, nous avions réservé une maison à Ibiza pour nos vacances et avons donc décidé d'attendre la rentrée pour fourguer notre star. Durant l'été, Georges n'a pas pu s'empêcher de raconter que deux photographes de *Match* venaient de produire une bombe.

Début septembre, on a traversé les Champs-Élysées jusqu'au bureau de Bernard de Bosson, le patron de WEA Filipacchi, une boîte de production appartenant au même groupe que notre journal. Dans son bureau, aussi vaste que le stade de France, il a écouté, s'est mis au piano, il a fait venir son directeur artistique. Il a promis de nous rappeler.

En le quittant, grisés, nous avons cherché notre limousine et notre chauffeur, convaincus d'être les nouveaux producteurs de Tina Turner. Après quelques semaines sans nouvelles, nous avons entamé la tournée des autres maisons de disques.

— Bonjour, nous sommes photographes à *Paris Match* et désirons parler avec votre président.

Ils nous ont tous reçus, mais nous avons assez rapidement compris qu'un produit totalement terminé et mixé ne les intéressait pas car les directeurs artistiques n'avaient alors plus de travail à faire. Ils ont refusé le produit

Nancy. Pour nous amuser, nous avons rapporté de chaque bureau de président un objet dérobé. Nous avons décidé d'arrêter la production de disques.

Nous passions alors de nombreuses soirées au Pastel, le resto branché de ce début des années quatre-vingt. Un piano et deux chanteurs enchaînaient les succès de Claude François, de Stevie Wonder et même quelques musiques de pub comme « On se lève tous pour Danette », au son de laquelle toute la clientèle du restaurant se levait à l'unisson. Un de ces chanteurs s'appelait Patrick Bruel, un apprenti acteur, à l'affiche de deux ou trois films. Lors d'une folle nuit de poker, nous lui avons pris 6 000 balles, ce qui l'a rendu fou. Il nous a appelés en nous reprochant de dire dans tout Paris que nous l'avions plumé. Je l'ai calmé, en lui faisant remarquer que personne ne le connaissait.

Aujourd'hui, devenu champion du monde de poker, je ne m'amuserais pas à risquer une revanche. Bruel nous a fait écouter une chanson de sa composition : *J'en ai marre de cette nana-là...* On n'aimait pas du tout. On a décidé de produire son comparse : Philippe

Kelly. Son titre phare : *Top Model*. Retour au studio Marcadet, porte de la Chapelle, où nous avons engagé Manu Katché, Jean-Yves D'Angelo et Kamil Rustam, les musicos stars de Michel Jonasz, Jean-Jacques Goldman ou encore... Michel Berger. Philippe Kelly nous a fait valoir que produire une chanson en anglais était impossible en France et que c'était pourquoi Nancy n'avait pas marché. Malgré tous nos efforts, *Top Model* n'a été pressé par aucune maison de disques... Contrairement à *Marre de cette nana-là*.

Voici pourquoi, trente ans plus tard, je me dirige dans une poubelle roulante en compagnie d'un smicard qui se prend pour le fils spirituel de Malaparte ou d'Albert Londres en direction de la Poméranie occidentale.

Huit heures de route. Une escale à Hanovre, un café tiède, une saucisse molle. Puis enfin, la mer Baltique, plus belle que je ne le pensais. Notre Barbara Holzkirchen de Rügen tient une auberge naturiste qui propose des séances de massage et des cours de yoga. Dans sa taverne, les « textiles » sont priés d'aller se désaper. Imagine la scène, Saucisson : le journaliste-stagiaire et ton serviteur entrant à poil dans le local, pas commode pour planquer un appareil photo. Nous évitons l'embrouille car cette Barbara Holzkirchen a 72 ans et pèse 148 kilos. On a du mal à l'imaginer faisant des galipettes sauvages avec Michel. Elle n'a sans doute jamais quitté son île, ni jamais connu le « textile ».

Sur le chemin du retour, je reçois un appel de Georges. Il me donne le contact d'une personne, qui fut très proche de Michel et Barbara au moment où ils étaient ensemble. Je l'appelle. Il me répond :

— Barbara Holzkirchen ? Oui, je me souviens. Elle est partie vivre à Los Angeles où elle s'est mariée. Elle a vécu un moment à Ibiza, mais là je ne sais plus si elle est au Canada ou à Los Angeles. Barbara Holzkirchen a changé de nom et je ne pense pas qu'elle donne encore des cours de yoga... Quelqu'un qui serait en contact avec elle ? Non, je ne vois pas du tout. C'est vieux tout ça...

En définitive, notre mission pourrait se résumer ainsi : nous devons trouver une fille dans la cinquantaine, grande, habitant quelque part sur la planète, qui a été la maîtresse de

Michel Berger voici trente ans et qui s'appelle Barbara. Fastoche.

Dans l'avion, nous nous jurons de ne raconter cette histoire à personne. Alors sois sympa, Saucisson, celle-là aussi, garde-la pour toi !

CONCLUSION

Où sont-ils les princes des paparazzi, les seigneurs, ceux qui tutoyaient les anges ? Je ne vois guère plus que des mesquins, des pignoufs pourchassant des starlettes de la téléréalité montrant un bout de nichon vulgaire, ou des joueurs de foot au QI de soles meunières. Le couple célébrités et médias est en instance de divorcer. Aux États-Unis, les mariages et les funérailles ont toujours été organisés par les studios d'Hollywood. Ils orchestrent la vie privée des stars, la mettent en musique, la scénarisent. Ils produisent des histoires, montées de toutes pièces, que le public, avec la complicité cupide des médias, consomme.

En Allemagne, entre les deux guerres, Erich Salomon invente le photojournalisme moderne. Il s'affranchit des codes de la photographie officielle posée grâce au petit Leica qui lui permet de se faufiler dans les coulisses de la vie politique, mondaine et artistique. Doté d'une élégance certaine, il s'infiltre dans les dîners les plus huppés, s'immisce dans les réunions les plus fermées. Il cache son appareil dans son chapeau. Ses images sont publiées dans le *Berliner Zeitung*, *Life*, *Daily Telegraph* et tous les journaux importants de l'époque. Il considère qu'une photo est réussie si personne ne l'a vu la prendre. Au début des années soixante, les premières photos de paparazzi inondent la presse italienne. C'est le temps de la dolce vita de Fellini, de De Sica, d'Antonioni. Les vedettes ne se plient plus au jeu imposé par les studios, elles veulent vivre. Les photographes sont désormais indésirables. Le refus des stars de scénariser complaisamment leur vie privée et la lassitude du public d'être berné entraînent l'arrivée d'une nouvelle caste de photoreporters, que Fellini baptisa « *paparazzi* », la contraction du mot *pappataci* – des petits moustiques silencieux et très accrocheurs qui sévissent dans la plaine du Pô dont il est originaire – et du mot *razzi* – les éclairs des flashes. Dix ans plus tard, les magazines, et surtout *Paris Match*, publient les premières couvertures faites de ces images interdites.

Aujourd'hui, les agents, les communicants, les attachés de presse veulent nous imposer leur histoire fabriquée, un peu comme dans la réclame. Contre leurs manipulations, nos photos. Volées certes, mais réalisées sans trucage, racontant sans duperie la vérité sur nos icônes. Le public en est friand. Il sent où se masque le vrai et s'affiche le faux.

On se souvient rarement d'un texte, aussi talentueux soit-il. Or, on n'oublie jamais une bonne image imprimée dans nos mémoires. Une photo raconte une histoire. Réussie, elle ne nécessite aucune légende, aucun texte, elle se passe de mode d'emploi. Les images de paparazzi sont de vraies images, elles disent la vie, sans tabou ni artifice. Elles choquent parfois. Toujours elles informent. Les paparazzi ne trichent pas.

Je suis surpris de constater que la sphère culturelle admette qu'un soldat républicain espagnol soit figé par une balle mortelle, qu'un baiser devant l'hôtel de ville de Paris puisse être le fruit d'une mise en scène, qu'une vedette de cinéma soit au même niveau pictural qu'une boisson gazeuse, que la copulation pornographique d'un plasticien s'exhibe dans nos musées, qu'une vache et son veau sectionnés longitudinalement dans un caisson de formol soient le sommet de la transgression académique. Le scandale fait œuvre, et c'est là une conquête positive de l'art contemporain. Pourquoi alors tant de puritanisme face à l'image de l'accident d'un membre de la famille royale britannique ou d'un bout de nichon d'une de ses princesses ? Pourquoi renvoyer les auteurs de ces images contemporaines devant un tribunal ? Les bien-pensants et surtout les bœufs-carottes de la profession s'indignent lorsque nous révélons au public la fille cachée d'un président en exercice. Aujourd'hui, Weegee le photographe new-yorkais, Robert Doisneau ou Henri Cartier-Bresson seraient épuisés par les procès qu'on leur ferait mais il est vrai qu'ils ne s'intéressaient quasiment qu'aux laissés-pour-compte de la société ou aux victimes anonymes. Ce que d'aucuns considèrent comme un viol de l'intimité des grands – les *stars* du monde des paillettes, figures et idoles qui pensent manipuler les médias et revendiquent invulnérabilité et impunité au nom de l'image et du respect de la personne – n'est, en fait, que le reflet d'une réalité, même si l'effet immédiat chahute ou bouleverse le confort dans lequel notre pensée et notre jugement aiment à s'installer. Les images des paparazzi font scandale. Or, elles sont un de nos derniers espaces de liberté. Celui de refuser la manipulation, de démonter la fabrique à consommer. Lorsque Bill Gates, propriétaire de Corbis, une des plus grandes banques d'images au monde, explique que celui qui contrôle les images contrôle les esprits, il ne donne que davantage de valeur aux photos volées.

Pierre Lazareff disait que le métier de journaliste « est plutôt simple, il a seulement trois règles. La première : vérifier. La deuxième : vérifier. La dernière : vérifier ». C'est pour me conformer du mieux possible à cette ambition que j'ai choisi cette voie. Je préfère un journaliste moustachu (même trotskyste) qui révèle un scoop, qu'un confrère, commentateur à l'accent du Sud-Ouest, dont le boulot se résume à critiquer celui des autres.

Nous ne sommes plus qu'une petite poignée de dinosaures. Les derniers spécimens à continuer d'arpenter le terrain. Les représentants fatigués d'un métier en voie de disparition. Les jours de la « Presse » telle que nous l'avons connue et pratiquée sont comptés au profit du tout-numérique, de l'info « hard news » et d'Internet. Mais nous continuerons, jusqu'à notre dernière goutte de sueur, de préférence versée sous un soleil tropical.

Je m'imagine ayant atteint 85 piges, installé dans le raz de Sein à essayer de choper un bar toujours plus gros, lorsque je vois passer un yacht sur lequel je reconnais la petite-fille de Caroline de Monaco enroulée dans le petit-fils de Barack Obama. Je les suivrai jusqu'au bout du monde pour vous le raconter. En photo.

Tiens, Agnès m'envoie un texto pour m'inviter à dîner… Un dîner ! Notre premier…

TABLE

Cet ouvrage a été imprimé par
CPI BRODARD ET TAUPIN
72200 La Flèche

pour le compte des Éditions Grasset
en février 2014

composition réalisée par Datagrafix

PAPIER À BASE DE
FIBRES CERTIFIÉES

Grasset s'engage pour
l'environnement en réduisant
l'empreinte carbone de ses livres.
Celle de cet exemplaire est de :
500 g Éq. CO_2
Rendez-vous sur
www.grasset-durable.fr

N° d'édition : 18188 – N° d'impression : 3003389
dépôt légal : janvier 2014
Imprimé en France